PETER PAN

JAMES MATHEW BARRIE

Halk Kitabevi

Yayıncı Sertifika No 1711

Kitap Adı PETER PAN

Yazar James Mathew BARRIE

Çeviri Aylin YILDIZ

Tasarım Serdar KÜÇÜKDEMİRCİ

Baskı – Cilt Alioğlu Matbaacılık Ltd. Şti.
Orta Mahallesi Fatin Rüştü Sokak
No: 1/3A Bayrampaşa/İstanbul
0212 612 95 59

Matbaa Sertifika No 11946

ISBN: 978-605-9350-32-7

Halk Kitabevi Topçular Mah. Gürbüzler Cad.
Şehit Kubilay Sok. 8/A
Eyüp/İSTANBUL
Tel: 0 212 674 60 60
Faks: 0212 501 24 91
e-mail: info@halkkitabevi.com
www.halkkitabevi.com

PETER PAN

JAMES MATHEW BARRIE

Halk Kitabevi

İÇİNDEKİLER

TÜM ÇOCUKLAR BİR GÜN BÜYÜRLER

Tüm çocuklar, daha küçük yaşlardayken, bir zaman gelince büyüyeceklerini bilirler. Fakat bir çocuk var ki, o, hiçbir zaman büyümedi.

Küçük Wendy, gerçeği iki yaşındayken öğrenmişti. Bir gün bahçede oynarken bir çiçek koparmış ve bunu annesine götürmüştü.

Güzel bir bayan olan annesi Bayan Darling:

— Wendy, sen hep böyle kalmayacaksın! diye bağırmıştı.

İşte küçük kızla annesi bu kadar konuşmuşlardı. Fakat kız büyümek zorunda olduğunu öğrenmişti.

Bayan Darling her şeyin uygun bir şekilde yapılmasından hoşlanırdı. Bay Darling ise komşularına benzemeyi isterdi. Bu nedenle Darlingler çocuklarına bir dadı tutmuşlardı. Küçüklerin beslenmesi için süt almaları gerekiyordu, bunun için fazla paraları yoktu. Wendy, John ve Michael'e tutulan dadı, iri bir köpekti. Adı Nana'ydı.

Bay ve Bayan Darling, köpekle Kensington bahçelerinde tanışmışlardı. Nana burada bebek arabalarında uyuyan çocukları inceliyor, onları korumaya çalışıyordu. Dikkatsiz dadılar, Nana'ya çok kızıyorlardı. Nana gerçekten iyi bir dadıydı. Banyo zamanı çocukları yıkıyor, çocuklar gece uyandığı zaman hemen yerinden fırlıyordu. Üstelik çocukların hastalıklarının ne zaman önemli bir hâl aldığını anlayacak kadar zekiydi. Çocukları anaokuluna Nana götürüyordu. Darlingler'e konuklar geldiği zaman Michael'in önlüğünü çıkararak ona mavi süslü tulumunu giydiriyor, Wendy'nin üstüne başına çekidüzen veriyor, John'un saçlarını düzeltiyordu. Hiçbir dadı çocuklara bu kadar iyi bakamazdı. Bay Darling de bunu biliyordu ama komşuların bu durumu yadırgadıklarını düşünüyordu.

Bay Darling'e bazı zamanlar Nana kendisini sevmiyormuş gibi geliyordu. Bunu Bayan Darling'e açıkladığı zaman kadın:

— Nana'nın seni çok sevdiğine eminim, George, diyordu.

Sonra çocuklara, babalarıyla ilgilenmelerini işaret ediyordu. Bunu güzel danslar izliyordu. Bazen hizmetçi Liza da onlara katılıyordu. İçlerinden en neşelileri de Bayan Darling'di. Peter Pan'ın ortaya çıkışına kadar aile gerçekten mutlu bir yaşantı sürüyordu.

Bayan Darling, Peter Pan'ın varlığını çocuklarından öğrendi. Wendy, John ve Michael "Olmayan Ülke" adlı bir yerin var olduğuna inanıyorlardı. Fakat bu ülke, herkesin düşündüğü şeye göre değişiyordu. John'a göre, üzerinde flamingoların uçtuğu bir koy vardı. John bu kuşları avlıyordu. Michael ise küçük olduğu için Olmayan Ülkesi'ndeki koylarda, flamingonun üzerinde uçuyordu. John sandalda, Michael bir kızılderili çadırında, Wendy ise yapraklardan yapılmış bir evde yaşıyordu.

John'un hiç arkadaşı yoktu. Michael'in arkadaşları ancak gece gözüküyorlardı. Wendy ise bir kurt yavrusuyla dosttu. Bütün bunlara rağmen Olmayan Ülke yine de pek güzel bir adaydı.

Bayan Darling, çocuklarıyla konuşurken, sık sık "Peter" sözcüğünü duyuyordu. Kendisi bu isimde birini tanımıyordu. Fakat kendi çocukluğunu düşünürken, o günlerde, perilerle birlikte yaşayan bir Peter Pan'dan söz edildiğini hatırladı. O sıralarda kendisi de Peter Pan'ın var olduğuna inanmıştı. Ama şimdi evli ve aklı başında bir kadındı.

Wendy'ye:

— Peter Pan diye biri olsaydı, onun şimdiye kadar büyümesi gerekirdi, dedi.

Wendy, kesin bir ifadeyle:

— Anneciğim, o büyümedi, diye cevapladı. O, tam benim boyumda!

Bu sözlerle hem boy, hem de kafa bakımından aynı olduklarını anlatmaya çalışıyordu. Bunu nasıl öğrendiğini de bilmiyordu.

Bayan Darling bu konuyu kocasına açınca,

Bay Darling:

— Bunu mutlaka Nana kafalarına sokmuştur. Sen buna aldırma, zamanla çocuklar bunu da unuturlar, dedi.

Fakat, Bay Darling'in dediği gibi çocuklar bunu unutacakları yerde, günden güne daha çok Peter Pan'dan söz etmeye başladılar.

Peter Pan, artık Bayan Darling'in canını sıkmaya başlamıştı.

O gece çocukların odasında, yere yaprakların saçılmış olduğunu gördü. Bunun ne olduğunu Wendy'e sorunca, kız gülümseyerek cevap verdi:

— Bu yine Peter'in işi olmalı!

— Wendy bu ne demek oluyor?

— Yani, Peter döktüğü yaprakları süpürmüyor... O geceleri buraya geliyor ve bana Pan kavalını çalıyor. Ama ben hiç uyanmıyorum...

— Sen neler söylüyorsun, kızım!... Eve kimse kapıyı

çalmadan giremez ki! Öyle olmasa bile sizin odanız üçüncü katta, oraya nasıl çıkabilir ki?...

— Ama yapraklar pencerenin önünde duruyordu, anneciğim.

Kadın odadaki yaprakları inceledi. Bu kuru yapraklar, İngiltere'de yetişen bir ağaçtan koparılmamıştı. Kadın, pencerenin yerden yüksekliğini ölçtü. Bu yüksekliğe tırmanmak imkânsızdı. Çünkü yukarıya tırmanmak için bir yağmur borusu bile yoktu.

Ertesi gece Bayan Darling olağanüstü bir durumla karşılaştı. O gece çocuklar yatmışlardı. Nana'nın izin günüydü. Bayan Darling dikiş dikmek için ocağın önünde durdu. Ocaktaki ateşin sıcaklığı etrafa iyice yayılıyordu, odadaki ışık sönüktü. Kısa bir süre sonra Bayan Darling de kucağında dikişle uykuya daldı.

Uykusunda, bir rüya gördü. Bu rüyada, Olmayan Ülke, evlerine iyice yaklaşmıştı. Sonra yabancı bir çocuk bu ülkeyi gözlerden saklayan tül perdeyi yırttı. Bayan Darling rüya görürken odanın penceresi açıldı ve içeri bir erkek çocuk atladı. Yanında yumruk büyüklüğünde ışıklı bir yaratık vardı. Odada dolaşmaya başladı. O sırada kadın bağırarak uyandı. Çocuğu görür görmez onun Peter Pan olduğunu anladı. O, çok güzel bir çocuktu. Üstünde yapraklardan yapılmış bir elbise vardı. Ağzında hâlâ süt dişleri duruyordu.

O sırada akşam gezmesinden dönen Nana içeri girdi. Köpek öfkeyle çocuğun üzerine atıldı. Peter Pan ise kendisini pencereden aşağıya attı. Bayan Darling çocuğa bir şey olacağını düşünerek, koşarak sokağa fırladı. Çocuğun orada ölüsünü bulacağını sanmıştı. Fakat orada kimseler yoktu. Kadın başını kaldırıp gökyüzüne bakınca, karanlıklar arasında kayan bir yıldız gördü.

Kadın tekrar çocukların odasına döndüğünde, Nana'nın ağzında Peter Pan'ın gölgesini gördü. Çocuk dışarı fırlarken dadı pencereyi kapatmış, Peter'in gölgesi de kaçacak zaman bulamamıştı.

Bayan Darling gölgeyi iyice inceledi. Bu her zaman bildiğimiz gölgelerdendi. Kadın gölgeyi katlayarak bir çekmeceye koydu. Peter'in gelip onu almak isteyeceğini biliyordu.

Cuma günü gelmişti. Bu cuma günü, ailenin hiçbir zaman unutamayacağı bir cuma olacaktı. Aile, boş çocuk odasında oturarak, o korkunç gecenin en küçük ayrıntılarını bile sevgiyle hatırlayacaktı. O gecenin de yüzlerce geceden hiçbir farkı yoktu. Gayet sakin bir geceydi. Nana, Michael'i yıkamak için banyoyu hazırlamış, çocuğu sırtına alarak götürmüştü.

Michael ise:

— Yıkanmayacağım! Yıkanmayacağım! diye bağırıyordu.

O sırada Bayan Darling üstünde beyaz elbisesi ve boynunda da Bay Darling'in armağan ettiği gerdanlıkla içeri girmişti. Çünkü Wendy, annesini böyle görmekten çok hoşlanıyordu. Çocuklar annelerini görünce, sevinçle ona doğru koşmuşlardı. Bu gecenin, onların evde geçirecekleri son gece olduğunu kim bilebilirdi?...

Bay Darling de toplantı için giyiniyordu. Kravatını bağlamaya sıra gelinceye kadar her şey yolunda gidiyordu. O gece Bay Darling kravatıyla boğuşmuş, sonra da elinde buruşuk kravatla çocukların odasına inmişti.

Bay Darling:

— Şu kravat boynuma bağlanmıyor! diye hayıflandı. Oysa kaç kez soba borusunda denedim. Eğer bu kravat boynuma bağlanmazsa biz de bu geceki şölene gidemeyiz. Yarın sabah da işe gidemem. İşe gitmezsem aç kalırız.

Bayan Darling sakin sakin kocasına yaklaştı:

— Bir kez de ben deneyeyim, hayatım, dedi.

Kadın güzel, nazik elleriyle kravatı bağlayıvermişti.

Az sonra Bay Darling'in öfkesi geçivermiş, eşine teşekkür ettikten sonra Michael'i sırtına alarak odada dans etmeye başlamıştı...

Şimdi Bay ve Bayan Darling o sahneyi hatırlayarak:

— Ne de çılgınca eğlenmiştik, diyorlardı.

Bay Darling acı dolu bir sesle:

— O son eğlencemizdi! dedi.

— Çocuklarımız da pek tatlıydılar, değil mi George?

— Evet, onlar bizim çocuklarımızdı. Ama artık gittiler...

O geceki çılgınca eğlence, Nana'nın içeri girmesiyle sona ermişti. Bay Darling köpeğe çarpmış ve bütün pantolonu köpek tüyü içinde kalmıştı. Bu, adamcağızın en yeni ve en süslü pantolonuydu. Bayan Darling pantolonu silkelemiş ve yine, köpek bir dadı bulmanın hatalı bir şey olduğundan söz etmeye başlamıştı. İşte o zaman Bayan Darling, eşine o yabancı çocuktan söz açmanın tam zamanı olduğunu düşünmüştü.

Aslında Bay Darling güçlü bir adamdı, ama o gece aldığı ilaç yüzünden biraz sersemce davranmıştı. Michael, o gece ilâcını içmemek için direniyordu.

Bay Darling:

— Bana bak Michael, dedi. Ben senin yaşındayken ilâcımı hiç sesimi çıkarmadan içerdim...

— Ama senin ilâcın bundan daha kötü değildi. Öyle değil mi?...

— Çok daha kötüydü. Şişeyi kaybetmemiş olsaydım şimdi o ilâçtan yine içerdim, Michael.

Aslında ilâç kaybolmamıştı. Adam şişeyi dolabın üzerine saklamıştı. Hizmetçi Liza, ilâcı tekrar bulmuş ve yerine koymuştu. Fakat adamın bunlardan haberi yoktu.

Wendy sevinçle bağırdı:

— Ben ilâcın nerede olduğunu biliyorum, baba!

Bay Darling onu durdurmaya fırsat bulamadan kız dışarı fırladı, az sonra da ilâç şişesiyle geri döndü.

Michael:

— Baba haydi, ilâcı iç, bekliyorum! dedi.

— Ben de senin önce içmeni bekliyorum!

— Önce sen iç!

— Önce sen iç!

Az sonra ikisi birden ilâcı içmeye karar verdiler. Fakat Michael ilâcını içtiği hâlde, Bay Darling bardağını arkasına sakladı. Michael bu işe çok öfkelendi.

Nana banyoya gider gitmez, adam:

— Bana bakın, dedi. Aklıma çok hoş bir şaka geldi. İlâcımı Nana'nın kâsesine dökeceğim. O da bunu süt sanarak içecek...

Nana tekrar içeri girdiği zaman, Bay Darling dadının başını okşadı.

— Nana iyi bir köpektir, dedi. Kâsene süt koydum, haydi, iç Nana!

Nana kuyruğunu sallayarak sütü içti. Sonra Bay Darling'e baktı. Fakat bu bakış öfkeli değil, çok üzgündü.

Bay Darling yaptığından çok utanmıştı. Fakat bunu açıklamak istemiyordu.

Wendy ağlayarak Nana'ya sarılmıştı.

Bay Darling:

— Çok iyi! diye bağırdı. Onu şımarttın! Ama beni kimsenin şımarttığı yok! Artık bir köpeğin çocuk odasını yönetmesine izin verecek değilim!

Çocuklar ağlamaya başlamışlardı. Bay Darling köpeğe yaklaşmasını işaret edince, Nana üzgün üzgün onun yanına koştu.

— Senin yerin bahçede, şimdi seni oraya götürüp bağlayacağım!

Bay Darling, evin efendisinin kim olduğunu gösterme-ye karar vermişti. Ama Nana'yı bahçedeki ağaca bağlarken, yaptığından utandı. Eve dönerek, koridorda üzgün üzgün oturdu. O arada Bayan Darling çocukları büyük bir sessizlikle yatırdı. Çocuklar dışarda Nana'nın havladığını duyuyorlardı.

John hıçkırarak konuştu:

— Nana bahçeye bağlandığı için çok üzüldü. Baksanıza, ağlıyor.

— Hayır, Nana üzgün olduğu için havlamıyor! Bir tehlike kokusu aldığı zamanlar o böyle havlar!...

Bayan Darling karyoladan karyolaya giderek çocuklarına tatlı sözler söyledi, onlara iyi geceler diledi.

Küçük Michael, kadının boynuna sarılarak:

— Anneciğim, sen olmasaydın, biz ne yapardık! dedi.

İşte, Bayan Darling'in çocuğundan duyduğu son sözler bunlar oldu.

Bay ve Bayan Darling 27 numaralı eve gitmek için sokakta sessizce yürüdüler. Bay ve Bayan Darling 27 numaralı eve girer girmez, gökyüzünde bir karışıklık oldu. Samanyolu'ndaki en küçük yıldız, avaz avaz bağırmaya başladı:

— Haydi, haydi Peter!...

Az sonra Darlingler'in çocuk odasında, gece lambası yerine başka bir ışık vardı. Bu ışık gece lambalarından bin defa daha parlaktı. Peter'in gölgesini bulmaya çalışıyordu. Işık çekmeceleri araştırdı, dolabı karıştırdı. Bu ışık aslında bir peri kızıydı. Peri kızı, yapraklardan yapılmış çok güzel bir elbise giymişti. Adı da "Tamirci Çıngırak"tı.

Birkaç dakika sonra pencere hızla açıldı ve Peter içeri atladı. Peter, çocukların uyuyup uyumadıklarını kontrol ettikten sonra, fısıltıyla seslendi:

— Çıngırak! Neredesin?

Peter'e altın çıngırakların şıngırtısını andıran pek güzel bir ses karşılık verdi. Bu ses peri lisanıydı. Çıngırak, Peter'e gölgesinin büyük kutuda olduğunu söylemişti.

Peter hemen çekmeceleri karıştırdı. Gölgesini bulunca çekmeceyi kapattı. Ama o arada Çıngırak'ı çekmecenin içine hapsettiğini göremedi.

Peter, gölgesini bulunca kendisiyle bir araya geleceklerini sanmıştı. Gölgesini sabunla kendisine yapıştırmaya çalıştı ama bu bir işe yaramadı.

Peter titredi, sonra yere oturarak hıçkıra hıçkıra ağlamaya başladı.

Çocuğun ağlaması Wendy'nin uyanmasına neden oldu.

Kız, yatağında doğrulup oturdu. Sakin bir sesle:

— Küçük! dedi. Niçin ağlıyorsun?

Peter kalkıp, küçük kıza kibarca selâm verdikten sonra:

— Senin adın nedir? diye sordu.

— Wendy Moria Darling... Peki senin adın nedir?

— Peter Pan.

— Sen nerede oturuyorsun?

— Sağdan ikinci... Sonra da sabaha kadar düz gideceksin.

— Bu çok ilginç bir adres... Sana gönderilen mektuplarından zarflarının üzerine bunu mu yazıyorlar?

— Bana hiç mektup gelmez.

— Annene, babana filan gelmez mi?

— Benim annem babam yok!

Wendy çok acı durumla karşı karşıya kaldığını anlamıştı. Yataktan kalkarak çocuğun yanına koştu.

— Ah, Peter! Bunun için ağlamakta çok haklısın.

Çocuk öfkeyle açıkladı:

— Ben onun için ağlamıyorum, gölgemi üştüme yapıştıramıyorum, ona ağlamıştım. Hem ben şimdi ağlamıyorum.

— Gölgen mi koptu? Bu gerçekten çok feci bir şey! Gölgeni birleştirmen için dikilmesi şart. Eğer kabul edersen, ben gölgeni dikerim.

Kız hemen bir dikiş kutusu çıkararak, gölgeyi Peter'in ayağına dikti.

Az sonra gölgesi uygun şekilde davranmaya başladı. Fakat biraz buruşuktu. Peter buna aldırmadan, sevinçle zıplamaya başladı.

Fakat Peter, mutluluğunu Wendy'ye borçlu olduğunu unutmuştu. Gölgesini kendisinin yapıştırdığını sanıyordu. Sevinçle zıplıyor, bir yandan da:

— Ben çok zekiyim! diye bağırıyordu.

Wendy şaşkınlıkla kekeledi:

— Ah, Peter! Ya ben?

— Tabii, sen de biraz yardım ettin!

Wendy gururla:

— Madem yardım etmişim, bundan sonra işine yaramam. Yerime yatabilirim artık.

Kız hemen yatağına girdi, yüzünü battaniyeyle örttü.

Peter:

— Wendy ne olur bana darılma, dedi. Ben övünmeden yapamam. Beni duyuyor musun... Bir kız, yirmi erkek eder...

Kız, başını battaniyeden çıkararak:

— Gerçekten öyle mi düşünüyorsun, Peter? Öyleyse sana bir öpücük verebilirim, dedi.

Öpücüğün ne demek olduğunu bilmeyen Peter elini uzattı.

Wendy onu kırmak istemediği için çocuğa bir yüksük uzattı.

Peter:

— Öyleyse ben de sana bir öpücük vereceğim, dedi.

Sonra Wendy'ye meşe palamudundan yapılmış bir düğmeyi armağan etti.

Wendy:

— Peter, ben bu düğmeyi boynuma asacağım, dedi.

Düğmeyi boynuna astı. Bu, sonradan onun çok işine yaradı. Düğme, küçük kızın hayatını kurtaracaktı.

— Peter, kaç yaşındasın?

— Bilmiyorum... Yani küçük olmam gerekiyor... Ben doğduğum gün evden kaçtım. Bir gün annemle babamın ben büyüdüğüm zaman ne olacağımdan söz ettiklerini duydum. Ben büyümek istemiyordum. Ben çocuk olarak kalmak, bol bol eğlenmek istiyordum. Bu yüzden Kensington Bahçeleri'ne kaçtım ve uzun süre perilerin arasında yaşadım.

— O periler nereye gitti? diye sordu Wendy.

Peter:

— Çıngırak! Çıngırak! diye seslenmeye başladı. Demin buralardaydı... Onun sesini duyuyor musun Wendy?

İkisi etrafı dinlemeye başladılar. Bir çıngırak sesi duydular. Ses çekmeceden geliyordu.

Peter fısıltıyla:

— Ah, Wendy, ben onu çekmeceye kapattım! dedi.

Az sonra Çıngırak'ı çekmeceden çıkardılar. Minik peri çok öfkeli görünüyordu. Peter'in özür dilemesine rağmen, yüzündeki sert ifade değişmiyordu.

Peter dostça bir tavırla:

— Çıngırak! dedi. Bu küçük hanım senin kendi perisi

olmanı istiyor.

Çıngırak, küstahça bir cevap verdi. Sonra da homurdanarak banyoya girdi. Periye, tencereleri, tavaları onardığı için "Tamirci" adı verilmişti.

İki küçük çocuk, kanepeye oturdular.

Wendy ona sorular soruyordu.

— Şimdi nerelerde oturuyorsun?

— Kayıp çocuklarla beraberim...

— Onlar kim?

— Dadıları başka tarafa bakarken arabalarından düşen küçük çocuklar... Eğer onları yedi gün içerisinde aramazlarsa, hepsini Olmayan Ülke'ye yollarlar. Ben onların başkanıyım... Fakat orada çok yalnızız. Çünkü hiç kız arkadaşımız yok...

— Niçin? Hepsi erkek mi?

— Çünkü kızlar arabalarından düşmeyecek kadar akıllıdırlar. Wendy sana bir şey söylemek istiyorum. Ben aslında sizin pencereye masal dinlemek için geliyordum... Annen geçen gece size çok güzel bir masal anlatıyordu. Hani billûr ayakkabıyı giyen kızı bulamayan prensle ilgili olan masal...

— Peter... O masal "Kül Kedisi"ydi. Prens sonunda kızı buldu ve mutlu bir yaşam sürdüler...

Peter masalın sonunu öğrendiğine çok sevindi, hemen pencereye koştu.

Kız yalvardı:

— Ne olur gitme Peter!... Ben çok masal biliyorum. Ben de çocuklara çeşitli masallar anlatabilirim...

Peter hemen kızı kolundan tutarak pencereye götürdü.

— Yalvarırım Wendy, benimle gel, çocuklara masal anlat!

— Annemi, babamı düşün. Hem ben uçmasını bilmiyorum...

— Ben sana uçmasını öğretirim... Wendy, o gülünç yatağında uyuyacağına benimle uçarsın, yıldızlara komik şeyler de söyleyebilirsin. Hem bizim ülkede, deniz kızları da var. Üstelik upuzun kuyrukları da var... Benimle gelirsen, inan ki hepimiz sana saygı duyarız. Bizim annemiz olursun...

— Peter bunların hepsi çok hoş ama John'la Michael'e de uçmasını öğretir misin?

Wendy, hemen John'la Michael'in yanına koşarak onları uyandırmaya çalıştı.

— Uyanın, Peter Pan geldi, bize uçmasını öğretecek!

John gözlerini ovuşturdu. Az sonra Michael de uyanmıştı... Peter birdenbire onlara susmalarını işaret etti. Bütün gece endişeyle havlayan Nana susmuştu.

John, haykırdı:

— Çabuk ışıkları söndürün! Saklanın!

Az sonra Liza ile Nana içeri girdiği zaman çocuk odasını eskisi gibi sessiz ve sakin buldular. Bir tehlike olacağını sezen Nana, Liza'yı çocuklara bakması için zorlamıştı. Nana, Liza'nın elinden kurtulmaya çalıştı. Ama Liza onu çeke çeke odadan çıkardı ve bir daha havlarsa, beyefendiye dövdürtmekle hayvanı tehdit etti. Az sonra köpeği tekrar bahçeye bağladı. Liza gittikten sonra köpek, kendisini bağlayan kayışı koparmayı başardı. Bir-iki dakika sonra da, 27 numaralı evin yemek odasına daldı. Bay ve Bayan Darling, köpeğin davranışlarından çocukların odasında korkunç şeylerin olduğunu anladılar. Hemen sokağa fırladılar.

Peter'in uçuşunu izleyen çocuklar, ona hayran kalmışlardı. Görünüşte uçmak kolaya benziyordu. Çocuklar, yataklarından havalanmayı denediler ama her seferinde, yukarı doğru çıkacaklarına aşağıya indiler. Çocuklar Peter'in talimatı üzerine birkaç kez denediler. Fakat bir santim bile havalanamadılar.

Aslında Peter onlarla alay ediyordu. Çünkü üstlerine peri tozu serpilmeyen hiç kimse uçamazdı. Az sonra Peter, çocukların üzerine peri tozu serpti. Daha sonra çocukların üçü de karyolalarına çıkmışlar, uçmaya hazırlanıyorlardı. Önce Michael havalandı. John da kendisini bıraktı ve az kalsın kapıda Wendy'le çarpışacaktı. Artık üç kardeş alçalıp yükseliyor, odada uçuyorlardı. Sonra dışarı çıkmaya karar verdiler.

O sırada Darlingler, Nana'yla birlikte eve doğru geliyorlardı. Çocuk odasına aşağıdan baktılar. Hiçbir anormallik görünüyordu. Fakat perdeye vuran gölgeleri görünce, kalpleri duracak gibi oldu. Gecelikli üç çocuk, tavanda dönüp duruyorlardı. Hayır, orada dört çocuk vardı!

Ancak, anne ile baba çocuk odasına varamadan, küçük yıldızlar, üfleyerek pencereyi açtılar. Peter'in emriyle hemen uçarak geceye çıktılar. Peter öndeydi, Michael, John ve Wendy onu izliyorlardı.

Bay ve Bayan Darlingler ile Nana koşarak odaya çıktılar. Ama çok geç kalmışlardı. Küçük kuşlar az önce uçup gitmişlerdi bile.

Çocuklar havada uçarlarken, Peter, Wendy'e söylediği adresi tekrarlıyordu:

— Sağdan ikinci ve sabaha kadar düz gidilecek...

Olmayan Ülkeye Doğru

Peter, Wendy'e Olmayan Ülke'ye böyle gidildiğini söylemişti. Fakat, yanlarında harita taşıyan kuşların bile bu adrese göre ülkeyi bulmaları olanaksızdı. Çünkü Peter ilk aklına geleni söylüyordu.

Çocuklar ona güveniyorlardı. Uçmak çok hoşlarına gittiği için, yüksek binaların üstünde uçarak boşuna zaman yitirdiler. Bu arada John'la Michael yarıştılar. Uçmak onları epeyce değiştirmişti. Uçmayı başardıkları için övünüyorlar, birbirleriyle alay ediyorlardı. Acaba yola çıkalı ne kadar zaman geçmişti?

Bu düşünce Wendy'yi ciddi şekilde düşündürmeye başlamıştı. Yola çıkalı üç gece geçmiş olduğundan emindi. Ortalık bazen kararıyor, bazen aydınlanıyordu. Bazen çok üşüyor, bazen de sıcaktan bunalıyorlardı. Çok uykuları vardı. Fakat uykuya daldıkları an aşağıya yuvarlanacaklarını biliyorlardı. Tabii, Peter'in çocuklara gülmesi normaldi. Çünkü onun uykusu geldiği zaman, havada uyuyabiliyordu. Uyurken daha hızlı uçabildiği için, onları sık sık geride bırakıyordu. Sonra alaylı alaylı gülerek yanlarına geliyor, gülünç şeylerden söz ediyor, ama bunun ne olduğunu unutuyordu. Ya da sulardan üzerinde deniz kızı kabuklarıyla çıkıyor ama neler olduğunu kesinlikle üç çocuğa açıklamıyordu. Tabii, bu durum da, o zamana kadar deniz kızlarını hiç görmemiş olan çocukları çileden çıkartıyordu.

Wendy, bu durumdan korkmaya başlamıştı.

— Deniz kızlarını bu kadar çabuk unuttuğuna göre, bizi hatırlamasını ondan nasıl bekleyebiliriz? diyordu.

Gerçekten de Peter onların yanlarına döndüğü zaman, hepsini iyice hatırlayamıyordu. Wendy bunu anladığından, sık sık bazı şeyleri hatırlatıyordu. Bir sefer de adını Peter'e hatırlatmak zorunda kalmıştı.

Telaşla:

— Peter beni tanıyor musun? Ben arkadaşın Wendy'yim, diye açıkladı.

Peter, Wendy'ye:

— Sizleri unutmaya başladığımı fark edersen, "Ben Wendy'yim" diye tekrarla. O zaman hepinizi de hatırlarım, diyordu.

Bu gerçekten de kötü bir durumdu. Ama Peter kendini üç kardeşe affettirmek için, onlara havada arka üstü yatarak nasıl uyuyacaklarını öğretti. Dört çocuk, uzun bir yolculuktan sonra Olmayan Ülke'ye yaklaştılar. Oraya yaklaşmalarının nedeni, Peter'le Çıngırak'ın yol göstermesinden çok, Olmayan Ülke adlı adanın da onları aramaya çıkmış olmasıydı.

Peter hiç istifini bozmadan:

— İşte, Olmayan Ülke adası! dedi.

— Hani, nerede?

— Şu okların işaret ettiği yerde.

Milyonlarca altın ok, çocuklara adanın yerini işaret ediyordu. Bunlar, dostları güneşin oklarıydı. Çünkü güneş, gece için kardeşlerin yanından ayrılmadan önce onların yollarını bulmalarını istiyordu. Üç kardeş, adayı iyice görmek için yükseldiler. İşin tuhaf tarafı, çocukların hepsi sanki oraya daha evvel gelmişler gibi, Olmayan Ülke'yi tanıdılar. Sanki tatillerinden sonra tekrar evlerine dönüyorlardı.

— John, işte koy şurada, görüyor musun?

— Wendy, şuraya bak, kaplumbağalar yumurtalarını kumlara gömüyorlar!

— İşte senin mağaran, Michael!

— Wendy, şuradaki senin kurt yavrusu olmalı.

— John, benim sandalımı görüyor musun? İki yanı da çökmüş... Kızılderili kampından çıkan dumanları görüyorum...

— Nerede? Dumanın çıkışına göre, Kızılderililer'in savaşa hazırlanıp hazırlanmadıklarını söyleyebilirim.

— Şurada, Esrarlı Irmağın gerisinde...

— Ah! Tamam, gördüm!... Kızılderililer gerçekten savaşa hazırlanıyorlar!

Kardeşlerin bu kadar çok bilgileri olması Peter'i sinirlendirmişti. Onlara emretmek istiyordu. Az sonra bu fırsat eline geçti.

Altın oklar kaybolurken ve ada karanlığa gömülürken, üç kardeş korkmaya başladılar. Peter'in gözleri pırıl pırıl parlamaya başladı. Aslında havada korku verici bir şey yoktu. Ama sanki düşmanca bir güç onları engellemeye çalışıyordu.

Peter:

— Adaya inmemizi istemiyorlar, diye açıkladı.

Wendy korkudan titreyerek konuştu:

— Adaya inmemizi istemeyen kimler?

Peter cevap vermedi. Peri Çıngırak'ı önden yolladı. Sonra ilgisiz bir tavırla John'a döndü:

— Bir maceraya atılmak ister misin? dedi. Tabii önce çay içmeyi tercih edersin, değil mi?

John cesaretle sordu:

— Nasıl bir macera, Peter?

— Aşağıdaki çayırda korkunç bir korsan uyuyor. Oraya inip korsanı öldürebiliriz.

— Ben aşağıda korsan filan görmüyorum.

— Ben görüyorum.

— Biz adamın yanına gidince, ya adam uyanırsa?

— Korsanı uyurken öldüreceğimizi mi sanıyorsun? Önce onu uyandıracağız, sonra öldüreceğiz. Ben birini öldürmek istediğimde hep böyle yaparım.

— Yaa! Şimdiye kadar kaç korsan öldürdün?

— Sayısı belli değil.

— Müthiş!... Öyleyse çayımızı içsek iyi olur... Sence adada çok korsan var mıdır, Peter?

— Evet çok var. Şimdiye dek bu kadar kalabalık olduklarını görmemiştim.

— Reisleri kim?

— Kanca isminde biri.

— Kanca mı? Ne kadar acayip bir isim!

— İsmi kadar kendisi de acayiptir.

Bu sözleri duyan Michael ağlamaya başladı. John da korkmaya başlamıştı. Çünkü Reis Kanca'nın ününü duymuşlardı. Kanca, korsanların en kötüsüydü. Kendisi Kara Sakal'ın yardımcısıydı.

— Kanca nasıl bir adam? İri mi?

— Eskisi kadar iri değil, çünkü ben onun bir parçasını kestim.

— Neresini kestin?

— Sağ elini kestim. O yüzden Kanca artık dövüşemiyor. Şimdi sağ elinin yerinde bir çengel var. Bir kanca yani... Bununla düşmanını parçalamaya çalışıyor. John, bundan sonra sen ve kardeşlerin bana Başkan demelisiniz. Emrimde çalışan her çocuk bu konuda bana söz verir.

John'un rengi uçuverdi.

Peter:

— Kanca'yla karşılaşacak olursak, onunla dövüşmeyi bana bırakacaksın, dedi.

John:

— Söz veriyorum, Başkan! dedi.

Az sonra, Çıngırak yanlarına gelmişti.

Peri, grubun etrafında dolaşıp duruyordu. Peter, onlara bunun anlamını anlattı.

— Çıngırak, korsanların bizi fark ettiklerini haber veriyor, dedi. Korsanlar büyük bir top hazırlamışlar. Bizim yakınlarda olduğumuzu anladıkları anda ateşe başlarlar. Tabii, şimdi Çıngırak'ın ışığını da görüyorlar.

Wendy, John ve Michael, hep bir ağızdan:

— Hemen Çıngırak'a buradan gitmesini söyle! diye bağırdılar.

Peter buna sinirlenmişti.

— Zavallı bir periyi yalnız başına nasıl yollayabilirim?

— Öyleyse, Çıngırak'a söyle ışığını söndürsün!

— Periler ışıklarını söndüremezler. Ancak uykuya daldıkları zaman ışıkları söner.

John:

— Öyleyse Çıngırak'ı hemen uyutalım! dedi.

— Periler, uykuları gelmedikçe uyuyamazlar. Ah, keşke birinizden birinin cebi olsaydı! O zaman Çıngırak'ı cebinize koyardık.

Hiçbirinin giysisinde cep yoktu. O anda Peter'in aklına parlak bir fikir geldi. Çıngırak'ı, John'un şapkasına koymalarını teklif etti. Çıngırak, birinin şapkayı elinde taşıması şartıyla şapkaya girmeye razı oldu. Şapkayı John taşıyordu. John, uçarken şapkanın dizine vurduğunu söyleyince, şapkayı ablası aldı.

Bu durum ileride göreceğiniz kötü bir olaya sebep oldu. Çünkü Çıngırak, Wendy'ye minnet duymak istemiyordu.

Peri şapkaya girdiği için, ışığı görünmüyordu. Çocuklar sessizce uçmayı sürdürdüler. Havada derin bir sessizlik vardı. Sadece uzaktan bir şıpırtı sesi geliyordu. Peter, vahşî hayvanların su içtiklerini ve bu sesleri onların çıkardığını söyledi. Zaman zaman da bazı hışırtılar duyuluyordu. Sanki ağaçların dalları birbirine sürtünüyormuş gibi bir sesti bu. Peter, Kızılderililer'in bıçaklarını bilediklerini ve bu sesi çıkardıklarını açıkladı.

WENDY FELAKETE GİDİYOR

Az sonra hiçbir ses duyulmaz oldu. Topluluk, bu sessizlikten şikâyet eder gibi olmuştu. Sanki bu şikâyetlerine karşılık veriliyormuş gibi korkunç bir gürültü koptu. Korsanlar, topla onlara ateş etmişlerdi.

Patlamanın gürültüsü sona erdiği zaman John'la Michael yalnız olduklarını fark ettiler. Wendy aralarında yoktu.

John titrek bir sesle:

— Michael, yaralandın mı? diye sordu.

Michael, yaralanmadığını söyledi. Aslında kimse yaralanmamıştı. Ama atışın neden olduğu rüzgâr, Peter'i denize doğru sürüklemişti. Wendy'yi ise yukarı doğru fırlatmıştı. Yanında Çıngırak'tan başka kimse yoktu.

Peri hemen şapkadan çıkarak Wendy'yi ölüme sürüklemeye çalıştı. Çıngırak aslında kötü bir peri değildi. Ama kimi zaman tamamıyla kötü, kimi zaman da tamamıyla iyi bir peri oluyordu. İçlerinde ya kötü, ya da iyi, yani bir tek duyguya yer vardı.

Peri, Wendy'nin önünde uçuyor, bir şeyler anlatıyordu. Sanki Wendy'ye, "Peşimden gel!" diyormuş gibiydi.

Wendy:

— Peter, John, Michael! diye seslendi.

Ama kendisine alaycı yankılar karşılık verdi. Wendy, Çıngırak'ın kendisinden nefret ettiğinin farkında değildi. Az sonra kız, perinin peşinden, felâketine doğru gitti.

***

Peter'in geri döndüğünü anlayan Olmayan Ülke, aniden canlanmıştı. Peter yokken ada sakin ve sessiz olurdu. Periler bir saat geç kalkar, hayvanlar yavrularına bakar, Kızılderililer altı gün, altı gece boyunca bol bol yemek yer, korsanlarla kayıp çocuklar birbirleriyle karşılaştıkları zaman sadece baş parmaklarını ısırırlardı.

Fakat tembellikten nefret eden Peter adaya döndüğü zaman herkes ayaklanırdı. Adadaki çocukların sayısı zaman zaman değişiyordu. Çocukların bazıları büyümeye başladığı zaman Peter onları gönderiyordu. Çünkü Peter'in ülkesinde büyümek kurallara aykırıydı. Bu kez adada altı çocuk vardı. Bunlardan ikisi ikizdi. Peter, çocukların kendisine benzemelerini yasaklamıştı. Bu yüzden çocuklar, ayıların postlarına bürünmüşlerdi. Onun için de tüylü ve tostoparlak duruyorlardı.

Bu akşam adadakilerin durumu şöyleydi:

Kayıp çocuklar Peter'i aramaya çıkmışlardı. Korsanlar, kayıp çocukları aramaya çıkmışlardı. Kızılderililer korsanları arıyorlardı. Hayvanlar, Kızılderililer'i arıyorlardı. Hepsi de adada dönüyor, dönüyor, birbirlerini yakalayamıyorlardı. Şimdi en önde içlerinde en şanssız olan Düdük yürüyordu. Çünkü diğerlerinden daha az maceraya katılmıştı. Örneğin etraf sessizken Düdük, çalı çırpı toplamaya gidiyordu. Döndüğü zaman da korsanlarla yapılan savaş sona ermiş oluyordu. Bu şanssızlığı yüzünden her zaman yüzünde üzgün bir ifade vardı. Kendisi iyi bir çocuktu. Bu akşam Düdük'ün durumu felâketti. Kötülük etmeye kararlı olan Çıngırak bu iş için yararlanabileceği birini arıyordu. Çocukların içinde kolaylıkla onu kandırabileceğini düşünüyordu.

Düdük'ün arkasından Soylu geliyor, onun arkasından da kaval yapan ve dans eden Ufaklık geliyordu. Çocukların arasında en azametli olanı Ufaklık'tı. Onun arkasında, başı daima dertte olan Kıvırcık vardı. Bir suç işlendiğinde suçlu mutlaka Kıvırcık olurdu. Suçlu olmasa bile suçlu arandığı zaman ortaya o çıkıyordu. En arkadan İkizler geliyorlardı. İkizleri birbirinden ayırmak olanaksızdı. Peter bile onları hiçbir zaman birbirlerinden ayırt edemiyordu.

Çocuklar karanlıkta ilerleyerek gözden kayboldular. Az sonra peşlerinden korsanlar gözüktü. Korsanlar her zamanki gibi o korkunç şarkıyı söylüyorlardı:

"Yo ho ho ho! Korsanlık yapmaya gidiyoruz!..."

Korsanlar çok korkunç adamlardı. En önde, yakışıklı bir adam olan İtalyan Cecco gidiyordu. Adam, kulaklarına küpeler takmıştı. Sık sık kulağını yere yapıştırarak ortalığı dinliyordu. Onun arkasında, her tarafı dövmeli olan Bill Jukes geliyordu. Arkasında Kara Burphy'nin kardeşi olan Cookson vardı. Centilmen Starkey onun yanındaydı. Arkalarından Yıldız, Kanca'nın yardımcısı Smee, Noodler, Robert Mullins, Alf Mason, Karaibier ve herkesin korktuğu diğer korsanlar geliyordu.

Kanca'nın içinde bulunduğu arabayı adamları çekiyordu. Korsan, arabayı çeken adamlara köpekmiş gibi davranıyordu. Adamlar da ona sanki köpekmiş gibi itaat ediyorlardı. Kanca esmer tenli, kısa boylu bir adamdı. Siyah uzun saçları, mavi gözleri vardı. Kanca çok cesurdu; fakat hayatta en korktuğu şeyin, kendi kanını görmek olduğu söylenirdi. Kanca'nın ağzında, kendi icadı olan bir ağızlık vardı. Bu ilginç ağızlıkla iki sigara birden içebiliyordu. Adamın en tehlikeli tarafı da sağ elinin yerini tutan kancaydı.

Kanca, çengelini çoğunlukla boğuşma zamanlarında kullanırdı. Bu kanca kime isabet ederse, sağ kalmayacağı muhakkaktı.

İşte, kahramanlarımız ve Peter Pan'ın savaştığı adam buydu. Acaba bu zaferi kim kazanacaktı. Küçük Peter Pan

Hepsi de endişeyle:

— Artık Peter dönse!... diye mırıldandılar.

Oysa hem boy, hem de genişlik bakımından başkanlarından daha iriydiler.

Ufaklık kendini beğenmiş bir tavırla konuşmaya başladı:

— Aranızda benden başka korsanlardan korkmayan yok. Ama yine de Peter'in dönmesini istiyorum. Böylece Kül Kedisi'ne ne olduğunu öğrenmiş oluruz.

Çocuklar aralarında Kül Kedisi'ni konuşmaya başladılar. Düdük, annesinin Kül Kedisi'ne benzediğini söylüyordu. Çocuklar ancak Peter adada yokken anneleri hakkında konuşabiliyorlardı. Peter bu konu hakkında konuşulmasını yasaklamıştı.

Soylu:

— Ben sadece çek defterini hatırlıyorum, dedi. Bir gün annem babama şöyle demişti: "Keşke benim de bir çek defterim olsa!" Çek defterinin ne demek olduğunu bilmiyorum, ama anneme ondan bir tane armağan etmek isterdim.

Onlar böyle konuşurlarken, uzaktan birtakım sesler duydular. Duydukları korsanların o korkunç şarkısıydı:

mı, yoksa Kanca mı?...

Korsanların arkasında, ellerinde bıçak ve baltalarla Kızılderililer ilerliyordu. Çıplak vücutları, yağ ve boyadan parlıyordu. Adamlar bellerine kafa derileri asmışlardı. Bunlar yufka yürekli Kızılderililer'den değil, Pikanini kabilesindendi.

En önde, iri Büyük Pars yürüyordu. En geride Yaban Zambağı gururla ilerliyordu. O çok güzel bir kızdı ve aynı zamanda bir Kızılderili prensesiydi. Hiç gürültü etmeden gidiyorlardı.

Sadece solukları duyuluyordu.

Onların arkasından, kalabalık bir hayvan sürüsü göründü. Bu sürüde aslanlar, kaplanlar, ayılar ve bir sürü küçük hayvan vardı. Bu hayvanların hepsinin dilleri dışarı sarkmış olduğundan, çok aç oldukları anlaşılıyordu.

Hayvanlardan sonra bir timsah ortaya çıktı. Bu çok büyük, dev bir timsahtı. Az sonra çocuklar tekrar gözüktü. Bu konuşma, biri duruncaya ya da yoruluncaya kadar sürecekti. O zaman savaş başlayacaktı.

Bu kalabalık arasından ilk çıkanlar çocuklar oldu. Çocuklar sürüden ayrılır ayrılmaz, kendilerini otların üstüne attılar.

"Yo ho ho ho! Bayrağımızda, kuru kafayla çapraz kemikler var..."

Çocuklar bu şarkıyı duyar duymaz ortadan kayboldular. Soylu dışında diğerlerinin hepsi yer altındaki eve saklanmışlardı.

Burası güzel bir yerdi. Ağaçların içi oyuk gövdelerinden birinde, geniş bir delik vardı. İşte bu delik, evin asıl kapısı olmalıydı. Bu evin ayrıca yedi kapısı daha vardı. Kanca da aylardan beri bunları aramaktaydı. Acaba korsan bunları bu gece bulabilecek miydi?...

Korsanlar yaklaşırken, Starkey, Soylu'nun ağaçların arasında kaybolduğunu gördü. Tam tabancasını çekecekti ki, Kanca'nın demir çengeli omzuna batıverdi.

Starkey:

— Bırak, beni! diye bağırarak kurtulmaya çalıştı.

Kanca o korkunç sesiyle:

— O tabancayı yerine koy, yoksa ben yapacağımı bilirim! diye bağırdı.

Starkey, öfkeyle:

— O çocuklardan nefret ediyorum! dedi. Özellikle o son gördüğüm çocuktan nefret ediyorum. Onu şimdi öldürecektim.

Kanca:

— Silah sesini duyar duymaz, Yaban Zambağı'nın Kızılderilileri saldırırlar. Senin kafa derini bellerine asmalarını mı istiyorsun? dedi.

Smee, kaptana sordu:

— Kaptan, gidip biraz kılıcımla çocuğu gıdıklayayım mı?

Kaptan:

— Şimdi sırası değil Smee! dedi. Bir çocuk bize yaramaz. Ben yedisini birden yakalamak istiyorum. Haydi, dağılıp çocukları arayın!

Bütün korsanlar dağıldılar. Sadece Kanca'yla Smee yalnız kaldılar.

Kanca öfkeyle dişlerini gıcırdattı:

— Ben, kolumu kesen o Peter Pan'ı yakalamak istiyorum! dedi. Onunla karşılaşmak için çok bekledim. Ama sonunda Peter'i parçalayacağım.

— Kaptan, kancanın on elden daha değerli olduğunu söylüyorsun. Üstelik saçlarını tarıyormuşsun, daha bir sürü işe yarıyormuş...

— Evet, öyle Smee. Ben bir anne olsaydım, çocuğumun elinin böyle demirden olmasını isterdim. Ama Peter kolumu kestikten sonra bir timsaha atmıştı!

— Kaptan, demek o yüzden timsahlardan çekiniyorsun.

Kanca, gözlerini nefretle bir noktaya dikti.

— Ben timsahların sadece bir tanesinden çekiniyorum. O timsah kolumun etinden o kadar hoşlandı ki, vücudumu yemek için durmadan peşimde dolaşıyor. Beni nasıl yutacağını düşünerek, ağzının suları akıyor.

Smee:

— Bir bakıma bu bir gurur sayılır! dedi.

Kaptan:

— Ben gurur değil, Peter Pan'ı parçalamak istiyorum! diye bağırdı. Çünkü timsahın etimin tadına bakmasına o neden oldu!

Korsan, oradaki bir mantarın üzerine oturdu. Sesi boğuklaşmış, titremeye başlamıştı.

— Smee, o timsah şimdiye kadar beni çoktan yakalamıştı. Ama talihim var ki hayvan, bir saat yuttu. Bu yüzden uzaktan saatin sesini duyuyor, hemen ortadan kayboluyorum. Yoksa şimdiye kadar timsahın midesindeydim.

Smee:

— Günün birinde saat duracak olursa, o zaman timsah seni hemen yakalar, dedi.

— Evet, beni korkutan da bu ya!

Kanca'yı birden bir sıkıntı basmıştı.

— Haydi Smee, kalkalım, hava çok sıcak, yanıyorum! diyerek ayağa fırladı.

Kanca, üzerine oturduğu mantarı incelemeye başladı. Bu, adadakilerden farklı ve iri bir mantardı. Onu koparmaya çalıştılar ama mantar ellerinde kaldı. Çünkü bitkinin kökü yoktu. Mantarı kopardıkları yerden birden dumanlar çıkmaya başladı.

İkisi de bir ağızdan:

— Bu bir baca! diye bağırdılar.

Korsanlar, yer altındaki evin bacasını bulmuşlardı. Çocuklar, düşmanları yakınlarda olduğu zamanlarda bacayı mantarla kapatıyorlardı.

Şimdi bacadan yalnız dumanlar çıkmıyor, üstelik çocukların sesleri de geliyordu. Çocuklar kendilerini güvende sandıkları için, neşeyle konuşmaya dalmışlardı. Korsanlar da bacanın üstünde onları dinliyorlardı. Sonra hiç belli etmeden mantarı tekrar yerine koydular. Etraflarına bakındıkları zaman, yedi ağaçtaki delikleri de gördüler.

Smee:

— Duydun mu kaptan, Peter Pan'ın döndüğünü söylüyorlardı, dedi. Kaptan, planın nedir?

Kaptan ağır ağır:

— Hepimiz gemiye dönüp, kocaman bir pasta yapacağız, dedi. Üzerine şekerler serpeceğiz. Pastayı deniz kızlarının koyuna bırakacağız. Bu çocuklar oraya yüzmeye geliyorlar, deniz kızlarıyla oynuyorlar. Pastayı orada bulacak ve hemen yiyecekler. Çünkü anneleri olmadığı için çok tatlı ve gösterişli bir pastayı yemenin ne kadar tehlikeli olduğunu bilmiyorlar. Pastayı yedikten sonra hepsi ölecekler.

Smee, planı çok beğenmişti:

— Kaptan, bu şimdiye kadar duyduğum en güzel plan! diye bağırdı.

Kanca, neşesinden bir şarkı söylemeye başladı:

— Kanca'yla el sıkışanın, kemikleri yerlerinden oynar...

Fakat kaptan şarkıyı tamamlayamadı. Çünkü o sırada bir ses duydular. Önce bu ses hafif hafif gelmeye başladı, yaklaştıkça, iyice işitilir bir hâl aldı.

Bu, bir saatin çalışması gibi bir sesti:

— Tık tık tık tık tık....

Kanca titreyerek bağırdı:

— Bu beni kovalayan Timsah!...

Sonra hızla koşmaya başladı. Yardımcısı da onu izledi. Hayvan şimdi korsanların peşine takılmış, Kızılderililer'in yanından geçmişti. Şimdi Kanca'yı izliyordu.

Az sonra kayıp çocuklar tekrar ortaya çıktılar. Fakat tehlike hâlâ sona ermiş sayılmazdı. Bir-iki dakika sonra Soylu koşarak gruba yaklaştı. Peşine bir kurt sürüsü takılmıştı. Bunlar günlerce yemek yememiş, dilleri dışarıda aç kurtlardı.

Soylu yere yığılarak:

— İmdat! Kurtarın beni! diye bağırdı.

— Soylu biz ne yapabiliriz?

Sonra hep birlikte düşünmeye başladılar:

— Acaba böyle bir durumda Peter olsa ne yapardı?

Hemen arkasından eklediler:

— Peter, kurtlara bacaklarının arasından bakardı. Biz de onun gibi yapalım!

Çocukların hepsi birden eğilerek, bacaklarının arasından kurtlara baktılar. Hayvanlara meydan okumanın en iyi yolu bu olmalıydı. Çocukları bu halde gören kurtlar, kuyruklarını bacaklarının arasına sıkıştırarak kaçtılar.

Soylu, hemen yerden kalktı. Çocuk dikkatle bir noktaya bakmaya başladı. Diğerleri de oraya bakınca, hayretle oldukları yerde kaldılar.

Çocuklardan biri:

— Çok güzel bir kuş gördüm! diye bağırdı. Hem de kocaman, beyaz bir kuş. Bu tarafa doğru uçuyordu.

— Acaba hangi türden bir kuş bu?

Soylu, şaşkın şaşkın:

— Pek fark etmedim! dedi. Ama çok yorgun bir hali vardı. Uçarken sanki, "Zavallı Wendy" diye inliyordu.

— Zavallı Wendy ne demek acaba?

Ufaklık, hemen atıldı:

— Yukarıya bakın! dedi.

Wendy, şimdi tepelerindeydi. Çocuklar, kızın sesini duyuyorlardı. Çıngırak'ın tiz sesi ise onun sesini bastırıyordu. Peri, durmadan Wendy'ye saldırıyordu.

Çocuklar, hep bir ağızdan:

— Merhaba Çıngırak! diye seslendiler.

Çıngırak, onlara karşılık verdi:

— Merhaba! Peter benimle haber gönderdi. Bu Wendy'yi vurmanızı istiyor.

Çocuklar, Peter'den emir gelince bunun neden olduğunu hiç soruşturmaz, hemen itaat ederlerdi.

— Haydi, Peter'in dediğini yapalım! diye bağrıştılar. Haydi oklarımızı, yaylarımızı alıp, Wendy'yi vuralım!

Çıngırak bunları duyunca, sevinçle ellerini çırptı. Düdük'ün dışında bütün çocuklar deliklerden aşağı indiler. Düdük'ün okuyla yayı yanındaydı.

Çıngırak:

— Haydi Düdük, Peter'in dediğini önce sen yap! dedi.

Düdük, heyecanla oku yaya taktı:

— Çıngırak yana çekil! diye haykırarak, oku fırlattı.

***

Düdük, bir kahraman tavrıyla Wendy'nin başına dikilmişti. O sırada diğer grup, ok ve yaylarıyla ağaçlardan, deliklerden dışarı fırladılar.

Düdük, gururla:

— Maalesef geç kaldınız! dedi. Siz orada oyalanırken, ben Wendy'yi vurdum bile! Peter beni kutlayacak...

Çıngırak, yukarıdan alaylı alaylı konuştu:

— Sen öyle zannet aptal!

Bunu söyledikten sonra çabucak uçarak,

saklandı.

Bütün çocuklar Wendy'nin etrafına toplanmışlardı.

İlk konuşan Ufaklık oldu:

— Ama bu bir kuş değil ki, bu bir bayan! dedi.

Düdük titremeye başlamıştı:

— Bir bayan mı dedin?

Soylu üzgün üzgün:

— Bu bayanı biz öldürdük, öyle mi?

Kıvırcık üzüntüyle kendisini yere attı:

— Durumu şimdi anlıyorum... Peter, onu bize getiriyordu.

İkizlerden biri:

— O bize bakacak, annemiz olacaktı! dedi. Düdük, annemizi sen öldürdün!

Düdük, şimdi çok zor durumdaydı. Çocukların hepsi Düdük'e bunu yaptığı için acıyorlardı. Düdük, onlara doğru dostça bir adım atınca, hepsi birden çocuğa arkalarını döndüler.

Düdük üzgün üzgün konuşmaya başladı:

— Bu bayanı ben öldürdüm. Rüyamda bayanları gördüğüm zaman onlara "Anneciğim, canım anneciğim" diyordum. Ben nasıl olur da gerçek annemi vururum!

Çocuk oradan uzaklaşırken, diğerleri ona acıyarak:

— Gitme Düdük! diye bağırdılar.

Düdük, titreyerek cevap verdi:

— Buradan gitmem gerek! Peter gelirse ben ne yapacağım?

O sırada bir kahkaha sesi duydular. Bu Peter'in sesiydi. Peter dönüşünü her zaman bu şekilde haber verirdi.

Çocuklar, "Çabuk Düdük'ü saklayın" diye fısıldaşarak, telaşla Wendy'nin etrafını sardılar.

Düdük dışında herkes küçük kızın etrafındaydı. Peter yavaş yavaş aşağıya indi.

— Merhaba çocuklar! diye bağırdı.

Bazıları onu selâmladılar. Sonra etraf yine sessizliğe gömüldü.

Peter Pan bu sessizliğe öfkelenmişti.

— Benim geri dönüşüme memnun olmadınız mı yoksa? Niçin sevinmiyorsunuz?

Çocuklar sevindiklerini kanıtlamak için hep bir ağızdan bağırdılar, ama yine de neşeyle bağıramadılar.

Peter bu duruma pek aldırış etmedi.

— Çocuklar size çok güzel bir haberim var! diye haykırdı. Size bir anne getirdim.

Çocuklar sessizce bekleşiyorlardı. Sadece Düdük diz çökerek hafif bir gürültü çıkardı. Peter bu sessizlikten endişelenmeye başlamıştı.

— Anneniz bu tarafa doğru uçmuştu. Onu görmediniz mi?

Aralarından biri:

— Ah! Ah! diye içini çekti.

Bir başkası:

— Ne kadar kötü bir gündeyiz! diye mırıldandı.

Düdük ayağa kalktı:

— Peter, annemizi sana göstereceğim, dedi. Çekilin çocuklar, Peter annemizi görsün!...

Çocukların hepsi gerilemek zorunda kaldılar. Peter uzun uzun Wendy'ye baktı. Ne yapacağını bilemiyordu. Oku Wendy'nin göğsünden çekip çıkararak çocuklara döndü.

Sert bir sesle:

— Bunu kim yaptı? diye sordu.

Yere çökmüş olan Düdük:

— Ben yaptım, Peter! dedi.

Peter:

— Seni alçak seni! diyerek, oku bir hançer gibi kullanmak için hazırladı.

Düdük, göğsünü açarak:

— Ne olur Peter sapla, iyice sapla da öleyim! dedi.

Peter oku iki kez kaldırdı, ama yapamadı. Hepsi de şaşkın şaşkın Peter'e bakıyorlardı. Bir yandan da böyle oluşundan memnun oldular. Anneleri ölmüştü, bir de arkadaşlarını kaybetmek istemiyorlardı.

Birden aralarından bir çocuk bağırdı:

— Hey, bayan Wendy'nin koluna bakın!...

Gerçekten de Wendy kolunu kaldırmıştı. Demek ki yaşıyordu.

Soylu, kızın göğsüne eğilerek kalbini dinledi. Sonra yavaşça:

— Kalbi atıyor! dedi.

Ufaklık sevinçle bağırdı:

— Yaşasın, Bayan Wendy yaşıyor!

Peter kızın yanına dik çöktü. O sırada kendisine vermiş olduğu düğmeyi buldu. Hatırladığınız gibi Wendy bu düğmeyi boynuna asmıştı.

Peter:

— Çocuklar, dedi. Ok, öpücüğüme çarpmış. Bu benim Wendy'ye verdiğim öpücük!

Çocuk, kızın üzerine eğilerek yalvardı:

— Wendy, ne olursun çabuk iyileş! Sana deniz kızlarını göstereceğim...

Fakat yalvarışı cevapsız kaldı. Çünkü Wendy bayılmıştı. Ama yukarıdan üzgün bir inilti geldi.

Kıvırcık:

— Çıngırak'ın yaptığına bak, dedi. Wendy ölmediği için ağlıyor...

Peter'e perinin yaptıklarını anlattılar. Peter buna çok kızdı. Çocuklar onu şimdiye kadar böyle öfkeli görmemişlerdi.

Peter, bir aslan gibi kükredi:

— Beni iyi dinle Tamirci Çıngırak! Bundan sonra benim arkadaşım falan değilsin! Buradan çabuk uzaklaş, sakın bir daha da gelme!

Çıngırak, Peter'in omzuna konarak ona yalvardı. Ama Peter onu affetmedi. Sonra Wendy tekrar elini kaldırdığı zaman Peter biraz yumuşadı.

— Çıngırak, şimdi git! Bir hafta gelme, dedi.

Çıngırak oradan uzaklaştı, ama Wendy'nin ölmediğine çok üzüldü. O anda kızı çimdiklemeyi çok istedi.

Çocuklar şimdi baygın haldeki Wendy için ne yapacaklarını bilemiyorlardı.

Kıvırcık:

— Onu aşağıdaki eve götürelim, dedi.

Peter kabul etmedi.

— Hayır, ona dokunmamalısınız, dedi. Bu saygısızlık olur.

Düdük:

— Bayan Wendy orada yatarsa ölür, dedi.

Ufaklık, karşılık verdi:

— Evet ama başka çaremiz yok ki!

O anda Peter'in aklına bir fikir geldi.

— Öyleyse, hemen Wendy'nin etrafına küçük bir ev yapalım! dedi.

Çocuklar hemen işe koyuldular. Kimi çalı çırpı toplamak için yukarı çıkıyor, kimi sağa sola koşuyor, yatak getirmek için aşağı gidiyordu. Tam o telaşlı sırada John'la Michael çıkagelmezler mi? İki kardeş, ağır ağır yere inerlerken, uykuya dalıyorlardı. Sonra uyanıyor, bir adım daha atıyor, tekrar uyuyorlardı.

Michael:

— John, John, uyan artık! Ya annem nerde? diye bağırıyordu.

O zaman John gözlerini ovuşturarak:

— Bu doğru! diye mırıldanıyordu. Biz gerçekten uçtuk!...

İki kardeş, Peter'i gördükleri zaman çok sevindiler.

— Merhaba Peter! diye bağırdılar.

Çocuk da onlara selâm verdi. Onları unutmuş gibi bir hâli vardı. Dikkatle Wendy'nin yanında yürüyor, onun boyunu ölçmeye çalışıyordu. Böylece, evin ne kadar büyük olması gerektiğini anlayacaktı. Tabii, evin içinde masalar, iskemleler de olacaktı.

John ve Michael, bir süre Wendy'yi seyrettiler. Sonra:

— Wendy uyuyor mu? diye sordular.

— Evet, uyuyor herhalde, dedi John.

Michael, ağabeyine döndü:

— John, gel Wendy'yi uyandıralım da bize akşam yemeği yapsın, dedi.

O sırada ev yapmak için dallar getiren çocukları gördü.

— Şunlara bak! diye bağırdı.

Peter, bir başkan tavrıyla:

— Kıvırcık, dedi. Bu çocukların evin yapılmasına yardım etmelerini sağla.

— Peki efendim!

John hayretle haykırdı:

— Nee? Ev yapmak mı?

Kıvırcık açıkladı:

— Ama evi Wendy için yapıyoruz!

John buna çok şaşırdı:

— Wendy için mi? Ama o bir kız! Niçin Wendy'ye ev yapıyorsunuz?

Çocuklar şaşıran iki kardeşi, dal kesip taşımaları için sürükleyerek götürdüler.

Peter:

— Önce iskemleler ve ocak paranavası yapılsın! diye emretti. Sonra da evin etrafını yaparız.

Ufaklık:

— Evet! dedi. Şimdi hatırladım. Bir ev böyle yapılır.

— Peter, Wendy için bir doktor getir.

"Emredersiniz!" diyen çocuk hemen gözden kayboldu. Çocuk bir dakika sonra geri döndüğünde başına John'un şapkasını giymişti. Yüzünde ciddi bir ifade vardı. Peter ona doğru gitti.

— Efendim, siz doktor musunuz? diye sordu.

Böyle zamanlarda Peter'le diğer çocuklar arasında bir fark olurdu. Diğer çocuklar bunun bir oyun olduğunu bilirlerdi.

Ufaklık, endişeyle:

— Evet, küçük bey, diye karşılık verdi.

Peter, açıklamada bulundu:

— Efendim, bu bayan çok hasta, dedi. Ona bakmanızı istiyorum.

Ufaklık, Wendy'yi görmezlikten geldi.

— Vah, vah! Çok üzüldüm. Hasta nerede yatıyor?

— Şu ilerdeki koruda...

Ufaklık:

— Onun ağzına camdan bir âlet koyacağım, diye başını salladı.

Sonra da sanki öyle yapıyormuş gibi davrandı.

Peter:

— Hastanın durumu nasıl? diye sordu.

— Şimdi hastanın durumu çok iyi. Aleti koyar koymaz hasta iyileşti. Bu gece tekrar uğrarım. Kendisine et suyu verin. Bunu emzikli bir çay fincanına koyarsanız daha iyi olur.

Sonra Ufaklık, başından John'un şapkasını çıkarıp rahat bir nefes aldı. Zor durumlardan kurtulduğu zaman hep böyle yapardı.

O sırada ormanda balta sesleri yankılanıyordu. Güzel bir ev için gereken her şey Wendy'nin ayak ucuna yığılmıştı.

Çocuklardan biri bağırdı:

— Peter, Bayan Wendy uykusunda kımıldanıyor!

Bir başka çocuk:

— Hayır, ağzını açıyor, dedi.

Saygıyla Wendy'nin ağzının içine bakıyordu.

— Aman, ne kadar hoş bir ağzı var!

Peter sevinçle zıpladı:

— Uyandığına çok sevindim Wendy! dedi. Şimdi bize nasıl bir ev istediğini şarkıyla söyle bakalım...

Wendy yarı uykulu bir hâlde şarkıya başladı:

"Güzel bir evim olsaydı

Evlerin en küçüğü

Duvarları kırmızı

Damı yosun yeşili olsaydı..."

Bu şarkıyı duyan çocuklar neşeyle gülüştüler. O sırada çocuklar da küçük evi yaparken bir şarkı söylediler:

"Küçük duvarlarla damı yaptık

Güzel bir kapı açtık

Şimdi söyle Wendy Anne

Daha başka ne istersin?"

Kız bunu biraz açgözlülükle cevapladı:

— Şirin pencereleri olmalı, güzel güller açmalı. Pencerelerden içeri güller bakmalı.

Çocuklar birer yumrukta pencereleri açtılar. Panjur yerine yaprak koydular. Çocuklar çabucak, duvarları dünyanın en güzel güllerinin sarmış olduğunu hayal ettiler. Böylece güller yerine konuldu.

Ev bitmiş ve çok güzel olmuştu. Fakat Wendy içeride olduğu için onu göremiyorlardı. Peter durmadan dolaşıyor, küçük ayrıntıların yerine getirilmesi için çocukları uyarıyordu.

Çocukların her şeyin bittiğini sandıkları bir sırada, Peter:

— Kapının tokmağı yok! dedi.

Çocuklar hemen Düdük'ün ayakkabısından bir tokmak yaptılar.

Çocuklar:

— Evin hiçbir eksiği yok! dediler.

Peter:

— Baca nerede? diye sordu. Evin bir bacası olması gerekmiyor mu?...

John:

— Bir bacası olması şart! dedi.

Peter, John'a baktı. John, şapkasını bulup başına geçirmişti. Peter'in aklına parlak bir fikir geldi. Şapkayı kaparak tepesini deldi ve bunu dama yerleştirdi.

Küçük ev, bacası olduğu için pek sevindi. Az sonra hemen bacadan duman çıkmaya başladı. Artık ev gerçekten tamamlanmıştı. Artık geriye kapıya vurmak kalıyordu.

Çocuklar, elbiselerini düzelttiler. Sonra Peter, kibar kibar küçük evin kapısını çaldı. Az sonra kapı açıldı ve bir bayan kapıya çıktı. Bu Wendy'ydi. Çocukların hepsi kasketlerini çıkardılar. Wendy bu duruma çok şaşırdı, çocuklar ise tam düşündükleri gibi olduğuna karar verdiler.

Wendy:

— Ben neredeyim? diye sordu.

Ufaklık hemen atıldı:

— Bayan Wendy, şu anda evinizde bulunuyorsunuz. Bu evi sizin için yaptık.

Soylu:

— Evi beğendiniz mi? Lütfen beğendiğinizi söyleyin, dedi.

Wendy:

— Ah! diye mırıldandı. Sevgili, küçük, güzel bir ev!...

Çocuklar, bu sözleri duyduktan sonra yere diz çökerek ellerini kıza uzattılar.

— Wendy, bizim annemiz olun! dediler.

Wendy'nin gözleri parlıyordu.

— Sizin anneniz olmam gerekiyor mu? Bu çok güzel bir şey ama ben küçük bir kızım. Sizin nasıl anneniz olurum? Bu konuda hiçbir bilgim yok benim.

Peter:

— Bunun önemi yok! dedi. Bize gerekli olan sadece bir anne.

Wendy, derin bir nefes aldı:

— Ben de zaten kendimi bir anne olarak düşünüyorum, dedi.

Çocukların hepsi birden bağrıştılar:

— Siz gerçekten bir anneye benziyorsunuz! Biz sizi görür görmez bunu anlamıştık!...

Wendy:

— Kabul ediyorum, dedi. Sizin için elimden geleni yapacağım... Haydi çocuklarım, hemen içeri girin... Sizi yaramaz çocuklar!... Ayaklarınızın ıslanmış olduğundan eminim. Size, yatmadan önce, Kül Kedisi'ni anlatacak kadar zamanım da var...

Çocuklar sevinçle içeri girdiler. Ev çok küçüktü, o yüzden nasıl sığınacaklarını bilemiyorlardı.

Böylece, çocukların annelerinin yanında geçirecekleri ilk geceleri başlamış oldu. Wendy onları ağaçların altındaki evlerinde yataklarına yatırarak üzerlerini örttü. Kendisi küçük evde uyudu. Peter ise uyumadı, kılıcını alarak dışarıda nöbet bekledi. Çünkü etrafta kurtların, korsanların sesleri duyuluyordu.

Bir süre sonra Peter de elinde kılıcı ile uykuya daldı...

***

Peter ertesi sabah, hemen ağaç seçmek için Wendy, John ve Michael'in ölçülerini aldı. Çocukların hiçbirinin boyu ve eni, bir diğerininkinin eşi değildi. Ama insanın ağacına uyması gerekliydi.

Peter, ağaç konusunda çocukların ölçüsünü dikkatle alıyordu. Bizim dünyamızda giysilerimiz bize uyacak şekilde yapılır. Ama Olmayan Ülke'de ise çocuklar ağaca uyacak biçime sokuluyordu.

Wendy ile Michael daha ilk denemede ağaçlarına uyuverdiler. Ama John'da ufak tefek bazı değişiklikler yapılması gerekti. Böyle zamanlarda çocuk üzerine ya çok fazla ya çok az şey giymiş oluyordu. Ama insanın vücudunun olmayacak yerlerinde çıkıntılar bulunduğu ya da uygun tek ağaç acayip bir biçimde olduğu zaman Peter bir şeyler yapıyor, insanı ağacına uyduruveriyordu.

Birkaç günlük çalışmadan sonra üç kardeş kolaylıkla aşağı inip yukarı çıkmaya başladılar. Çocuklar yerin altındaki evlerini çok beğendiler. Bu evler bir odadan oluşuyordu. Balığa çıkmak istenildiğinde evin tabanı kazılıyor ve buradan güzel renkli mantarlar çıkıyordu. Çocuklar bu mantarları sandalye niyetine kullanmaktaydılar.

Evde kocaman bir ocak vardı. Bu ocak, yakmak istediğinizde herhangi bir yerde beliriveriyordu. Wendy bunun önüne bir ip germişti. Çamaşır yıkadığı zaman onları buraya asıyor, kurutuyordu. Yatak, hemen hemen odanın yarısını kaplamıştı. Michael dışında bütün çocuklar yatakta kutudaki sardalyalar gibi yatıyorlardı. İzin verilmedikçe dönmemek konusunda kesin bir kural konulmuştu. İzin verildiği zaman bütün çocuklar aynı zamanda diğer taraflarına dönüyorlardı.

Çocukların en küçüğü Michael'di. Bu yüzden Wendy, onun bebek olmasını istemiş, onu sepete yatırarak duvara asmıştı.

Onların evi bir kuş kafesi kadardı. Ayrıca bu evde Çıngırak'ın özel bir odası var. Çıngırak'ın odası çok güzel ve süslüydü. Peri kızı mevsim çiçeklerine göre yatak örtüsünü değiştirirdi. Peri mağazasından yaldızlı çerçeveli bir ayna almıştı. Halısı da parlak renkliydi. Ayrıca tavanında avizesi vardı. Çıngırak, çocukların odasını küçük görüyor, onlarla alay ediyordu. Ama Wendy kendi yerlerini çok seviyordu. Küçük kız, yaramaz oğulları yüzünden bütün gün çalışıp duruyordu. Özellikle yemek pişirmek çok zamanını alıyordu. Genellikle yer elması, hindistan cevizi ve muz yiyorlardı. Ama çocuklar, ne zaman gerçek, ne zaman hayalî yemek yiyeceklerini de bilmiyorlardı. Çünkü bu daha çok Peter'in keyfine bağlı bir şeydi. Peter, oyunun bir parçası olduğu zamanlar gerçekten yemek yiyordu. Ama diğer yanda Peter, oburluktan hiç hoşlanmıyordu. Bu konuda çocuklar başkanlarını dinlemek zorundaydılar. Peter, ağacında kendini rahat hissettiği zaman, çocukların bol bol yemek yemelerine izin veriyordu. Peter, bir yemekte bile kolayca şişmanlayacak bir çocuktu. Bu yüzden bir yemek sırasında onun şişmanladığını gözlerinizle görebilirdiniz.

Wendy çocukları yatırdıktan sonra dikiş dikiyordu. Bu dikişler arasında yama yapmak en çok hoşuna gideniydi. Bazen da çocuklara yeni giysiler dikiyor, eskilerinin dizlerine iki kat yamalar yapıyordu. Çünkü giysiler en çok diz yerlerinden yırtılıyordu. Wendy kimi zaman bir sepet dolusu topukları delinmiş çorapla ocağın önüne yerleşiyor ve "Ah! Çocukları olmayan insanlara çok özeniyorum!" derken, yüzünde mutlu bir ifade beliriyordu.

Sevgili okuyucular, Wendy'nin sevdiği kurt yavrusunu hatırlıyorsunuz değil mi? Kurt yavrusu, Wendy'nin adaya geldiğini öğrenerek kızı aradı. Kurt kızı bulunca, ikisi birbirleriyle sarmaş dolaş oldular. Ondan sonra da kurt yavrusu, Wendy'nin peşinden her yere onunla gitmeye başladı.

Acaba bunca zaman geçtikten sonra Wendy, annesini düşünüyor mudur dersiniz? Bu gerçekten cevap verilmesi güç bir soru. Çünkü, Olmayan Ülke'de zamanın nasıl geçtiğini anlatmak çok zordur. Bu ülkede dünyanın diğer yerlerinden çok fazla ay ve güneş vardı. Ama Wendy, annesiyle babası için pek endişelenmiyor, onların uçarak girmesi için oda penceresini açık tutacaklarına inanıyordu. Bu yüzden de içi rahattı. Kızı üzen şey, John'un anne ve babasını ilgisizce hatırlamasıydı. Michael ise, Wendy'nin gerçek annesi olduğuna inanmaya hazırdı. Bu durum ise küçük kızı biraz korkutuyordu. Wendy de eski yaşamlarını kardeşlerinin unutmaması için, okuldakine benzer sınav soruları hazırlıyordu. Diğer çocuklar da bunu ilginç buluyor, sınava girmek istiyorlardı.

Aslında Wendy'nin sorduğu sorular kolay sorulardı. Ama çocuklar gene de derin derin düşünüyorlardı.

Sorular şöyleydi:

— Annenizin gözleri ne renkti?

— Annenizin mi, yoksa babanızın mı boyu daha uzundu?

— Anneniz sarışın mıydı, yoksa esmer mi?

— Bu üç soruyu cevaplayın ve son tatilinizin nasıl geçtiğini kırk kelimeyle anlatın. Ya da annenizle babanızın karakterlerini karşılaştırın.

Wendy, işte böyle sorular soruyordu. Fakat John'un bu soruları cevaplarken yaptığı hatalar çok korkunçtu. Bu soruların hepsini sadece Ufaklık cevaplayabiliyordu. Ufaklık verdiği cevaplarla birinci olacağını zannediyordu. Ama yazdığı cevaplar çok gülünçtü. Bu yüzden her zamanki gibi sonuncu oluyordu.

Peter bu sınavlara katılmıyordu. Peter, Wendy'nin dışında bütün annelerden nefret ediyordu. Bir de adada okuma yazma bilmeyen tek çocuk Peter'di.

Peter çoğunlukla grubu bırakarak, yalnız başına gezmeye gidiyordu. Geri döndüğünde ne yaptığını, nereye gittiğini kimseye anlatmıyordu. Çünkü zaten başından bir şey geçmişse bile, onları çocukların yanına gelene kadar unutuyordu. Çocuklar dışarı çıkınca, onun yendiği korsanın ölüsünü görüyorlardı. Bunu Peter'e hatırlatıyorlardı ve işte o zaman Peter, uzun uzun yaptıklarından söz ediyordu.

Peter çoğunlukla eve başı yaralar bereler içinde dönüyordu. Bu durumlarda tabii Wendy onun hastabakıcısı oluyordu. Wendy bu maceraların çoğunun doğru olmadığını biliyordu. Çünkü kız birkaç kez bunlara katılmıştı. Katıldığı bu serüvenlerden birkaçını size anlatmamız gerekiyor. Ama hepsini anlatmaya kalksak, eminim bu kitap çok kalın bir kitaba dönüşürdü. Anlatacağım macerayı seçmek için yazı tura atmam gerekti. Ben de yazı tura attım. Koy ile ilgili macera kazandı. Size bu macerayı anlatayım...

***

Çocuklar uzun yaz günlerini genellikle deniz kızlarının yaşadığı koyda geçiriyorlardı. Serin sularda yüzüyor, suyun yüzünde yatıyor, deniz kızı oyunları oynuyorlardı. Tabii, böyle yaptıkları için onların deniz kızlarıyla dost oldukları aklınıza gelmesin. Durum bunun tam tersiydi... Wendy, koyun kıyısına indiği zaman deniz kızlarını görüyordu. Deniz kızları Kazazede Kayası'nın üzerinde güneşlenmekten hoşlanıyorlardı. Orada yatıyor ve saçlarını tembel tembel tarıyorlardı. Wendy bazen usul usul yüzerek onlara yaklaşıyordu. Ama deniz kızları Wendy'yi fark edince hemen suya dalarak ortadan kayboluyorlardı. Üstelik bilerek kuyruklarıyla Wendy'ye su sıçratıyorlardı.

Deniz kızları bütün çocuklara aynı şekilde davranıyorlardı. Elbette ki Peter'in dışındaki bütün çocuklara... Peter, Kazazede Kayası'nda deniz kızlarıyla uzun uzun konuşuyor, onlara şaka olsun diye kuyruklarının üzerine oturuyordu. Bir keresinde Peter, deniz kızlarından birinin tarağını Wendy'ye armağan etti.

Deniz kızlarını seyretmenin en ilginç zamanı, ayın dolunay hâlini aldığı gecelerdi. Deniz kızları böyle gecelerde bağırıyor, sanki inler gibi acayip sesler çıkarıyorlardı. O zaman koy, tehlikeli bir yer hâlini alıyordu.

Sizlere anlatacağımız akşama kadar Wendy, koyu, ay ışığında hiç görmemişti. Bunun nedeni korkması değildi. Çünkü nasıl olsa Peter onunla birlikte gelirdi. Asıl neden Wendy'nin saat yedide yatma kuralını uygulamasıydı. Wendy, çoğu günler, yağmurdan sonra koya iniyordu. Böyle zamanlarda koyda çok sayıda deniz kızı, sularla oynamaya geliyorlardı. Bazen koyda, bir seferde yüzlerce deniz kızı oynuyordu. Bu seyredilmeye değer bir sahneydi doğrusu. Fakat çocuklar onlara katılmaya kalkıştıkları zaman, deniz kızları hemen ortadan kayboluyorlardı. O zaman çocuklar kendi başlarına oynamak zorunda kalıyorlardı. Deniz kızları onları gizlice gözetliyor ve zaman zaman fikirlerinden yararlanarak, kendileri de oyunlar oynuyorlardı. Örneğin John, su kürelerini elle değil, kafayla vurma yöntemini çıkarmıştı. Deniz kızı kaleciler de çok geçmeden bu yöntemi denemeye başladılar. John'un Olmayan Ülke'de bıraktığı anılardan biri de bu oldu.

Wendy, çocukların, öğle yemeğinden sonra kayaların üzerine uzanarak yarım saat dinlenmeleri için ısrar ediyordu. Yemek hayalî olsa bile çocuklar gerçekten dinleniyorlardı. Çocuklar güneşte yatıyorlar, Wendy ise kurumlu bir tavırla onların yanında oturuyordu.

Yine böyle bir gün, hepsi Kazazede Kayası'na çıkmışlardı. Çocuklar gözlerini kapatmış, uyukluyorlardı. Wendy ise yanlarında dikkatle dikiş dikiyordu. O böyle işine dalmışken koyda bir değişiklik oldu. Güneş birdenbire ortadan kayboldu. Gölgeler suyun yüzüne yayılarak suyu soğuttular. Güneş olmadığı için Wendy iğnesini göremiyor, böyle olunca da bir türlü ipliği geçiremiyordu. Başını kaldırıp baktığı zaman, neşeli koy, kıza birdenbire tehlikeli ve düşmanca bir yer gibi göründü.

Wendy, akşamın olmasına daha zaman olduğunu biliyordu. Ama gece kadar koyu bir karanlık gelmek üzereydi. Yani henüz gece gelmemişti. Bu gelen neydi acaba?...

O sırada Wendy, Kazazede Kayası hakkındaki hikâyeleri hatırladı. Kazaya uğrayanlar buraya çıkarlardı. Ayrıca kötü kaptanlar, bazı denizcileri boğulmaları için oraya bırakır, sonra da gemileriyle uzaklaşırlardı. Deniz kabardığı zaman bu adamlar boğulurlardı. Çünkü kaya, böyle zamanlarda suların altında kalırdı.

Wendy hemen çocukları kaldırması gerektiğini düşündü. Ayrıca çocukların serinlemeye başlayan kayanın üzerinde uyumaları da doğru değildi. Küçük bir anne olduğu için Wendy tüm bunları biliyordu. Fakat öğle yemeğinden sonra yarım saat dinlenilmesi kuralının ne olursa olsun uygulanmasını istiyordu. Korkmasına rağmen çocukları kaldırmadı. Wendy cesur bir kızdı. Çocukların başlarında ayakta durarak, belirli sürenin sonuna kadar uyumalarını bekledi. Fakat bu çocukların arasında, uyurken bile tehlikenin yaklaştığını anlayan biri vardı; bu, Peter'di... Peter hemen ayağa fırladı. Bağırarak diğer çocukların uyanmalarını sağladı. Orada hareketsiz durarak etrafı dinledi.

Sonra da tüm gücüyle:

— Korsanlar geliyor! diye bağırdı.

Çocukların hepsi yerlerinden fırladılar. Peter'in emirlerine itaat etmek için hazır beklediler.

Peter çabucak, sert bir emir verdi:

— Herkes suya dalsın!

Bütün çocuklar suya daldılar ve koy bir anda bomboş kaldı. Şimdi Kazazede Kayası suların ortasında yükseliyordu. Sanki kayanın kendisi de kazaya uğramış gibiydi.

Az sonra kürek sesleri duyulmaya başladı. Ardından bir sandal göründü. Bu korsanların sandalıydı! Smee ile Starkey kürek çekiyorlardı. Yanlarında iki esir vardı. Bu Kızılderili Prensesi Yaban Zambağı'ydı.

Prenses ellerinden ve ayaklarından bağlanmıştı. Kız, başına gelecekleri bildiği için korkudan titriyordu. Onu suların altında kalması için kayanın üzerine bırakacaklardı. Prenses korkmasına rağmen bunu belli etmemeye çalışıyordu. Çünkü böyle bir şey ona yakışmazdı, o kabile reisinin kızıydı.

Hain korsalar, kızı tekneye tırmanırken yakalamışlardı. Gemide nöbetçi yoktu. Çünkü Kaptan Kanca, adı yüzünden gemisine kimsenin sokulamayacağını söyleyerek övünürdü. Şimdi Prensesin ölmesi de, geminin daha çok korunmasını sağlayacaktı.

İki korsan, karanlıkta çarpıncaya kadar kayayı fark etmediler.

Smee bağırdı:

— Dikkat etsene aptal! Koskoca kayayı görmüyor musun? Şimdi Kızılderili'yi kayaya çıkaracağız. Boğulması için onu burada bırakacağız...

Güzel kızı hemen suya attılar. Yaban Zambağı, kurtulmaya çalışmayacak kadar gururluydu. O sırada, kayanın yakınında, suyun üzerinde iki baş belirmişti. Bunlar Peter'le Wendy'ydi. Korsanlar çocukları görmemişlerdi. Wendy böyle bir olaya ilk defa tanık olduğu için ağlıyordu. Peter ise çok acı olaylarla karşılaşmıştı, ama çabucak bütün bu olayları unutmuştu. Peter şimdi bu olayla ilgileniyordu.

Peter, Kaptan Kanca'nın sesini taklit ederek konuştu:

— Hey gemiciler! Beni duyuyor musunuz?

İki gemici birbirlerine hayretle baktılar. Etraflarına bakındılar ama Kanca'yı göremediler.

Smee:

— Bu bizim kaptan! Herhalde yüzerek bize doğru geliyor! dedi.

O sırada denizden bir ses yükseldi:

— Gemiciler, çabuk kızı bırakın!...

— Ama Kaptan, nasıl olur?...

— Ne diyorsam onu yapın! Haydi, iplerini kesin!

— Kaptan, nasıl ipleri keseriz?...

Peter:

— Hemen! diye kükredi. Duyuyor musunuz beni, hemen dedim! Yoksa bana karşı mı geliyorsunuz? Anlaşıldı! Kancayı gövdelerinize saplamamı istiyorsunuz!...

Smee fısıldadı:

— Kaptan'a ne oldu? Çok garip davranıyor...

Starkey korkuyla:

— Kaptan ne diyorsa onu yapalım! dedi.

Sonra Yaban Zambağı'nın iplerini kestiler. Kız bir deniz yılanı gibi suya dalarak gözden kayboldu.

Wendy, Peter'in kızı kurtarmasına çok sevindi.

Tam o sırada Kaptan Kanca'nın sesi koyda duyuldu. Bu kez konuşan Peter değil Kaptan'ın ta kendisiydi.

— Hey sandaldakiler!

Kaptan'a kimse cevap vermeyince adam tekrar seslendi:

— Sandaldakiler, beni duyuyor musunuz?

Kaptan Kanca yüzerek sandala doğru gidiyordu. Az sonra Kanca, sandala yetişti.

Wendy, Kanca'nın yüzünü görünce, oradan hemen uzaklaşmak istedi. Ama Peter'in gitmeye hiç niyeti yoktu. Çünkü oyunun en neşeli yerindeydi.

İki korsan, kaptanlarının neden yanlarına geldiğini merak etmişlerdi. Ama adam üzgün bir tavırla çenesini kancasına dayamış, öyle oturuyordu.

Smee'yle Starkey, çekine çekine sordular:

— Ne oldu Kaptan, bir şey mi var?

Kaptan içini çekerek karşılık vermekle yetinince:

— Ne oldu, Kaptan? İşler yolunda değil mi? diye sordular.

Kaptan öfkeyle:

— Mahvolduk, bittik! diye gürledi. Kayıp çocuklar kendilerine bir anne bulmuşlar.

Starkey:

— Ne büyük felâket! diye bağırdı.

Smee'in bu konuda bilgisi yoktu:

— Anne ne demek, Kaptan?

Kaptan suyun yüzünde acayip bir şey gördü. Bu, bir kuş yuvasıydı. Suyun üzerinde yüzüyordu. Ortasında bir gök kuşu oturuyordu.

Kanca kuşlara bakarak Smee'nin sorusunu cevaplandırdı:

— Şu kuş yuvasını görüyor musun, Smee? İşte, yuvayı koruyan anne... Aa!... Yuva suya düştü!... Ama anne kuş, yumurtalarını bırakmaz ki? Evet, bırakmaz!

Smee, kuşun görüntüsünden çok etkilenmişti. Yuva önünden geçerken, kuşa dikkatle baktı.

Starkey, şüpheyle konuştu:

— Bu bir anneyse, Peter'e yardım etmek için dolaşıyor olabilir...

Kanca yüzünü buruşturdu:

— Evet, ben de bundan şüpheleniyordum.

Smee, heyecanla konuştu:

— Kaptan, haydi çocukların annesini kaçıralım, bizim annemiz olmasını isteyelim ondan!

Kanca:

— Çok iyi düşünmüşsün, Smee! diye bağırdı. Çocukları yakalar, gemiye kaçırırız. Sonra da onları denize atarız. Böylece kız bizim annemiz olur.

Wendy bu konuşulanları duyunca, farkında olmadan:

— Böyle bir şey asla olamaz! diye haykırdı.

Korsanlar birbirlerine bakarak sordular:

— Bu ses nereden geldi?

Korsanlar dikkatle etraflarına bakındılar, ama hiç kimseyi göremediler.

Kaptan:

— Plânımı nasıl buluyorsunuz arkadaşlar? diye sordu.

— Plânın harika Kaptan! Bunu kabul ediyoruz. Haydi, el sıkışalım!

Hepsi el sıkıştılar. O sırada kayaya da çıkmışlardı.

Kanca birden Yaban Zambağı'nı hatırladı.

— O Kızılderili'yi ne yaptınız? diye sordu.

İki korsan, Kaptan'ın şaka yaptığını sandılar. Bu yüzden de rahatça cevap verdiler:

— İşler tam istediğin gibi yürüyor, Kaptan! Dediğin gibi yaptık, onu saldık.

Kanca gürledi:

— Salmak mı dedin? Onu salmanızı size kim söyledi?

— Sen emrettin ya, Kaptan! Suların ötesinden seslendin ve onu bırakmamızı emrettin bize...

— Neler saçmalıyorsunuz ahmaklar? Ben böyle bir emir verdiğimi hatırlamıyorum.

Smee mırıldandı:

— Bu çok acayip bir durum... Kaptan bize sizin söylediğinizden eminiz.

Kanca, sesinin olanca gücüyle bağırdı:

— Koyda dolaşan hayaletler beni duyuyor musunuz?

Peter, Kanca'nın sesiyle karşılık verdi:

— Ha! ha! ha! Tabii ki duyuyorum!

— Sen kimsin yabancı? Konuş benimle!

— Benim, adım Kanca... Neşeli Roger gemisinin kaptanıyım...

Kanca öfkeyle bağırdı:

— Hayır, sen o geminin kaptanı değilsin!

— Bir daha o kelimeyi tekrarlarsan, kancayı gövdene yersin!

Kanca sakinleşerek, alçakgönüllülükle:

— Madem senin adın Kanca, peki ben kim oluyorum? diye sordu.

— Sen bir morina balığısın...

O sırada iki korsan sarsıldı. Böyle bir şey gururlarına dokunmuştu. "Şimdiye kadar bizi bir morina balığı mı yönetti?" diye söylendiler.

Kanca, zor durumda olmasına rağmen onlara aldırmadı. Onun, kendi kendisinin kim olduğuna inanması gerekiyordu.

Kimliğinin kaybolduğunu hissederek, boğuk bir sesle konuştu:

— Beni bırakma, dostum!

Kanca bir oyuna kalkıştı. Karşısındakinin kim olduğunu anlamaya çalışacaktı.

— Kanca, diye seslendi. Senin başka bir sesin var mı?

Peter kendi sesiyle konuştu. Bu tür oyunlara hiç dayanamazdı.

— Var tabii!

— Peki, başka bir adın var mı?

— Evet, var.

— Senin adın bitki mi, maden mi, hayvan mı?...

— Hayır, hayır, hayır!...

— Öyleyse erkek mi, bir erkek çocuk mu?

— Hayır, hiçbiri değil!...

— Harika bir çocuk mu?

— Evet, harika bir çocuk!...

— Sen, İngiltere'de misin?

— Hayır!

Kanca yorulmuştu. Korsanlara dönerek, onlara soru sormalarını emretti.

Smee düşündü.

— Aklıma hiç soru gelmiyor, diye başını salladı.

Peter sevinçle:

— Yenildiniz! Bulamadınız! Yenildiğinizi kabul ediyor musunuz? diye bağırdı.

Korsanlar:

— Evet, kabul ediyoruz! diye bağırdılar.

Peter, bunun üzerine:

— Dikkat, söylüyorum! dedi. Ben Peter Pan'ım!

Kanca:

— Sonunda onu yakaladık! diye haykırdı. Smee, hemen suya atla. Starkey, sen sandala bak. O çocuğu diri ya da ölü hemen yakalamanızı istiyorum!...

Aynı anda Peter'in sesi duyuldu:

— Çocuklar, hazır mısınız?...

Koyun farklı yerlerinden "Hazırız!" cevabı yükseldi.

Suya en önce John atıldı. Çocuk hemen Starkey'i yakaladı. İkisi suda boğuşmaya başladılar. Smee, Düdük'ü kaburgasının üzerinden hafifçe yaraladı. Buna karşılık Kıvırcık da onu yaraladı. Starkey, kayadan biraz uzakta, Slinghly ve İkizler'e saldırmıştı..

Peki, bu çetin savaş olurken Peter Pan nerelerdeydi?... Elbette o, büyük bir av peşinde olmalıydı.

Peter'le Kanca, suda boğuşmaya hazırlanıyorlardı. Diğer çocuklar Kanca'dan korktukları için, onu görünce kaçıyorlardı. Oysa Peter ondan korkmuyordu. Kanca, çengeliyle su üzerinde bir ölüm dairesi çiziyordu. Peter, bu ölüm dairesinin içine girmeye hazırdı. Fakat iki düşman suda karşılaşmadılar. Kanca, nefes almak için kayaya tırmandı. Arkasından Peter de tırmandı. Kanca kayanın bir tarafından, Peter ise diğer tarafından tırmandıkları için birbirlerinin farkında değillerdi. İkisi de bir yere tutunmaya çalışırken birbirlerinin kollarını yakaladılar.

PETER PAN İLE KANCA KARŞI KARŞIYA

Kanca ile Peter Pan, burun buruna gelmişlerdi. Peter bu durumdan sevinç duydu. Güzel dişlerini neşeyle gıcırdattı. Sonra yıldırım hızıyla atılarak, Kanca'nın belindeki bıçağı kaptı. Bıçağı düşmanına saplayacağı sırada, ondan daha yüksekte olduğunu fark etti. Peter, bu durumda bunun adil bir dövüş olmayacağını düşündü. Kanca'yı da yukarı çıkarmak için elini uzattı. Ama Korsan o sırada Peter'i ısırdı.

Bu davranış Peter'i çok şaşırttı. O düşmanıyla eşit şartlarda dövüşmek için çabalarken, düşmanı ona hainlik yapmıştı. Peter'in o sırada bütün gücü kesildi, korsana dehşetle bakakaldı. Her insan, kendisine haksız davranıldığı zaman etkilenir. Bu haksızlığı da hiçbir zaman unutamaz. Tabii, Peter dışında... Peter sık sık bu tür haksızlıklarla karşılaşıyordu, ama çabucak unutuyordu. Onunla gerçek çocuklar arasındaki tek fark, işte buydu.

Şimdi de sanki böyle bir şeyle ilk defa karşılaşmış gibi şaşırmıştı. Kanca bu arada çengelini iki kez daha ona doğru indirdi. Birkaç dakika sonra diğer çocuklar, Kanca'nın suda deli gibi gemisine doğru yüzdüğünü gördüler. Şimdi yüzünde sevinç değil, korku vardı. Çünkü peşinden timsah gelmekteydi.

Çocuklar da timsahtan korkmuşlardı. Etraflarına bakınca, Peter ile Wendy'yi yitirdiklerini anladılar.

Koyda onları arayıp, seslendiler:

— Peter! Wendy!

Korsanların sandalını bularak ona bindiler. Kıyıya doğru giderken, yine:

— Peter! Wendy! Nerelerdesiniz? diye bağırdılar.

Onlara kimse cevap vermedi. Sonunda çocukların sesleri azaldı. Koya soğuk bir sessizlik çöktü.

O zaman koyda hafif bir feryat duyuldu:

— İmdat! İmdat! Kurtarın bizi!...

İki küçük çocuk, kayaya çarpıp duruyorlardı. Wendy bayılmıştı. Peter onu sıkıca tutuyordu. Peter, sonunda bütün gücünü kullanarak kızı kayanın üzerine çekti. Kendisi de onun yanına oturdu.

İki çocuk, kayanın üzerinde bitkin bir halde yatarlarken, deniz kızlarından biri Wendy'yi ayaklarından yakaladı ve sessizce suya çekmeye başladı. Wendy'nin kaydığını anlayan Peter hemen kendine geldi. Kızı tam zamanında yakalayarak geri çekmeyi başardı.

Peter, Wendy'ye gerçeği söylemek zorunda kaldı:

— Wendy, buradan gitmemiz gerekiyor. Kaya küçülmeye başladı. Çok geçmeden ikimiz de sulara gömülürüz.

Wendy umursamaz bir tavırla:

— Haydi, öyleyse! dedi. Ne dersin Peter, yüzelim mi, yoksa uçalım mı?...

Peter:

— Korkarım ben ne yüzebilirim, ne de uçabilirim! dedi. Çünkü, Kanca beni yaraladı!

Wendy:

— Şimdi ikimiz burada kalıp boğulacak mıyız? diye karşı çıktı.

Onlar öyle umutsuzca otururlarken, bir şey Peter'e hafifçe dokundu. Bu Michael'in birkaç gün önce yapmış olduğu uçurtmanın kuyruğuydu. Uçurtma, çocuğun elinden kaçmış ve havalanarak uçmuştu. Peter'in aklına bir fikir geldi. Hemen uçurtmanın kuyruğunu kendisine doğru çekmeye başladı.

Peter:

— Uçurtma, Michael'in yerden havalanmasına neden oldu! diye bağırdı. Belki senin de uçmana yardım edebilir!

— Öyleyse ikimizi de kaldırabilir.

— Bunu Michael'le Kıvırcık denediler, başaramadılar.

— Öyleyse kura çekeriz. Kim çıkarsa o uçurtmayla gider.

— Olmaz Wendy, bunu kabul edemem! Sen bir kızsın, önce sen gitmelisin!

Kuyruğu Wendy'nin beline bağladı. Kız ise Peter'i sıkıca tutmuş bırakmıyordu.

— Hayır Peter, gidemem! Ben sensiz gidemem!

Peter, "Haydi Wendy, güle güle!" diyerek, kızı kayadan itiverdi.

Wendy birkaç dakika sonra uçurtmanın kuyruğuna bağlı olarak havalandı. Peter şimdi koyda yalnız kalmıştı. Peter çok geçmeden suların altında kalacaktı. O sırada hafif bir ses duyuldu. Bu, dünyanın en güzel, en acıklı sesiydi. Deniz kızları, Ay'a sesleniyorlardı.

Peter diğer çocuklara pek benzemezdi. Ama o da korkmaya başlamıştı. Peter sonra ayağa kalkarak, kayanın üzerinde dimdik durdu. Gülüyor, kalbi neşeyle çarpıyordu...

***

Sular gitgide yükseliyordu. Artık Peter'in bileklerine ulaşmaya başlamıştı. Peter, sulara gömüleceği son anı beklerken, suda bir şey gördü.

— Bir kâğıt parçası bu, diye mırıldandı. Uçurtmadan kopmuş olmalı. Suda yüzüyor. Acaba ne zaman kıyıya erişecek?

Kâğıt, sularla boğuşuyordu. Sularla boğuşan kâğıt, bir gök kuşuydu. Yuvasındaki kuş, Peter'e erişebilmek için çabalıyordu..

Peter, kuşu fark ettiği zaman, zavallıcık artık halsiz kalmıştı. Kuş, Peter'i kurtarmak için ona yuvasını vermeye gelmişti. Yuvasında yumurtaları olmasına karşın, yine de bu işi yapacaktı. Kuş, Peter'e seslenerek niçin oraya geldiğini anlattı.

Peter ise anlamayarak:

— Burada ne arıyorsun? diye bağırdı.

Gök kuşu elinden geldiği kadar yavaş konuşarak:

— Senin yuvaya atlamanı istiyorum, diye seslendi. Böylece akıntıyla kıyıya sürüklenirsin. Ben yuvayı kayaya yaklaştıramayacak kadar yoruldum. O yüzden, senin buraya yaklaşman gerekiyor. Haydi, atla!

Peter:

— Orada gevezelik edip durma! dedi.

Gök kuşu öfkeyle bağırdı:

— Seni gidi aptal bücür seni!... Neden sana söylediğimi yapmıyorsun?...

— Asıl bücür sensin!

İkisi aynı anda birbirlerine:

— Kes sesini! diye bağırdılar.

Ama kuş, Peter'i kurtarmaya kararlıydı. Son bir çaba harcayarak yuvayı kayaya yanaştırdı.

Peter hemen yuvayı yakalayarak, kuşa teşekkür etmek için elini salladı. Gök kuşu ise kanatlarını yorgun yorgun çırparak, Peter'in tepesinde dolaşıyordu. Ama orada dolaşmasının sebebi Peter'in teşekkürünü beklemek değildi. Kuş, Peter'in, yumurtalarını ne yapacağını öğrenmeye çalışıyordu. Yuvada iri iki yumurta vardı. Peter bunları eline alarak, düşündü. Kuş ise yumurtaların başına geleceklerı görmemek için gözlerini kapattı. Sonra dayanamayarak göz kapaklarını hafifçe aralayarak baktı.

Peter, kayanın üzerindeki bir sopanın üzerinde Starkey'in şapkasını gördü. Bu muşambadan yapılmış, su geçirmeyen, yüksek tepeli, geniş kenarlı bir şapkaydı. Peter yumurtaları bu şapkanın içine koydu, sonra da şapkayı sulara bıraktı. Şapka nazlı nazlı yüzmeye başladı.

Gök kuşu tiz bir sesle öterek Peter'e olan hayranlığını açıkladı. Çocuk da gülerek kuşla aynı fikirde olduğunu açıkladı. Sonra yuvaya atlayarak, sopayla, bunun ortasına bir direk dikti. Gömleğini de yelken olarak kullandı. Kuş ise kanat çırparak şapkaya doğru indi ve tekrar yumurtalarının üzerine oturdu. Kuş şapkayla birlikte sürüklenerek başka bir yöne gitti, Peter ise başka yöne. İkisi de uzaktan neşeyle birbirlerine sesleniyorlardı.

Peter kayaya ulaştığı zaman, teknesini kuşun bunu kolaylıkla bulabileceği bir yere çekti. Ama kuş şapkadan o kadar hoşlanmıştı ki, bir daha yuvasına yerleşmedi. Yuva parçalanıncaya kadar ağır ağır sularda dolaştı. Bu olaydan sonra bütün Gök kuşları yuvalarını bu şapka biçiminde yapmaya başladılar. Yavrular da her zaman geniş kenara çıkarak havalandılar.

Peter, Wendy'den kısa bir süre sonra yer altındaki eve vardığı zaman, çocuklar çok sevindiler. Uçurtma, Wendy'yi sağa sola sürüklemişti. Peter başından geçenleri anlatmak için sabırsızlanıyordu. Bu maceraları anlatırken çocuklar epeyce geç yattılar. Wendy hepsinin sağ salim eve dönmüş olmalarına sevinmekle beraber, saatin çok geç olması yüzünden kızdı...

Gecelerin Gecesi

Koydaki savaşın sonunda Kızılderililer, çocuklara dostluk göstermeye başladılar. Çünkü Peter, Yaban Zambağı'nı ölümden kurtarmıştı. Kızılderililer bütün gece yukarıda oturarak, yerin altındaki evi korumaya çalıştılar. Saldıracak olan korsanları beklediler. Gündüz bile oradan ayrılmadılar. Kızılderililer, Peter'e "Büyük Beyaz Tüy" adını takmışlardı. Onu görünce yerlere kapanıyorlardı. Bu da Peter'in çok hoşuna gidiyordu.

Peter, önünde diz çöken Kızılderililer'i kendini beğenmiş bir tavırla selâmlıyordu.

— Büyük Beyaz Tüy, Pikanini savaşçılarının çadırını korsanlara karşı korumalarından çok memnun, diyordu.

Güzel Prenses ise:

— Beni Peter Pan kurtardı. Ben artık onun dostuyum. O beni kurtardığı gibi ben de onu korsanlardan koruyacağım, diyordu.

Pikaniniler diğer çocuklara da çok saygılı davranıyor, onları da büyük savaşçılar olarak kabul ediyorlardı.

O gece, çocukların arasında "Gecelerin Gecesi" olarak tanımlanmıştı. Bunun nedeni, o geceki serüvenler ve bunların sonuçlarıydı. O gün olaysız geçmişti. Kızılderililer yukarıda battaniyelerine uzanmışlar, çocuklar ise aşağıda akşam yemeklerini yiyorlardı. Yalnızca Peter aralarında yoktu. Peter, zamanı öğrenmek için dışarı çıkmıştı. Zamanı öğrenmek için timsahı bulması, sonra da hayvanın karnındaki saat çalıncaya kadar onun yakınında beklemesi gerekiyordu.

Bu akşamki yemek hayaliydi. Çocuklar sofranın başına geçmiş iştahla yemek yiyorlardı.

Sofrada birbirlerine takılıyor, gülüşüyorlardı. Annelerinin buna pek aldırdığı yoktu. Fakat çocukların yiyecekleri kapmalarından, itişmelerinden hoşlanmıyordu. Yemeklerde, vurarak karşılık vermeme kuralı uygulanıyordu. Onun yerine ellerini kaldırarak, sorunu Wendy'ye açmaları gerekiyordu.

Wendy bir ara:

— Kesin gürültüyü! diye bağırdı. Ufaklık, yavrucuğum, kâsen boş mu?

— Hayır, pek boş sayılmaz anneciğim!

O sırada John elini kaldırıp söz istedi:

— Peter burada değil. Onun yerine ben oturabilir miyim?

Wendy çok şaşırmıştı:

— Böyle şey olur mu hiç, oğlum? O yalnız babanızın sandalyesi.

— Ama o bizim asıl babamız değil ki, zaten baba rolünü pek iyi oynayamıyor. Bir babanın çocuklarına nasıl davranması gerektiğini bilmiyor. Bunları ona ben öğrettim.

Düdük, terbiyeli bir tavırla sordu:

— Acaba ben bir baba olabilir miyim?

Wendy:

— Hayır olamazsın! dedi.

Çocuk, bu kez Michael'e döndü:

— Michael, baba olamayacağıma göre benim bebek rolünü oynamama izin vermez misin?

— Hayır vermem! diye söylendi Michael.

Bunun üzerine fazla konuşmayan Düdük, konuyu bir daha açmadı. Az sonra çocuklar tekrar birbirleriyle çekişmeye başladılar.

— Ufaklık öksürürken, masaya doğru öksürme!

— İkizler önce yer elmasını yemeye başladılar!

— Kıvırcık, hem elma hem ekmek beraber yenmez!

— Soylu, ağzında yemek varken konuşma!

— Ben İkizlerden şikâyetçiyim!

— Ben de Kıvırcık'tan şikâyetçiyim!...

Wendy:

— Ah! Ah! Ah! diye bağırdı. Bazen çocuklara gereğinden fazla değer verildiğini düşünüyorum...

Yemekten sonra Wendy ocağın başında dikiş dikerken, çocuklar da onun etrafında oynadılar. Alevlerin güzel ışıkları, dans eden çocukların mutlu yüzlerini aydınlatıyordu.

Yukarıdan ayak sesleri gelmeye başlamıştı. Wendy bu sesleri hemen duydu.

— Çocuklar, Peter'in ayak seslerini duyuyorum. Haydi bakalım, onu kapıda karşılamanız gerekiyor! dedi.

Az sonra çocuklar her zaman yaptıkları gibi onu ağacından aşağıya çektiler. Peter, çocuklara ceviz getirmişti. Wendy için de doğru saati öğrenmişti.

İkizler, Peter'e yaklaşarak:

— Biz dans etmek istiyoruz, dediler.

Peter:

— Öyleyse durmayın dans edin küçük adamlar! dedi.

— Aslında biz senin dans etmeni istiyoruz.

— Ama ben yaşlı bir adamım. Sonra kemiklerim çatırdar.

— Annemiz de dans etsin!

Wendy:

— Ben bir sürü çocuk annesiyim, yaşlı bir anneyim, dedi. Nasıl dans ederim?...

Ufaklık yalvarır gibi:

— Ama bu gece cumartesi gecesi! dedi.

Aslında o gecenin cumartesi gecesi olup olmadığı belli değildi. Çünkü hangi günde olduklarını çoktan unutmuşlardı. Özel bir şey yapmak istedikleri zaman "Bu gece cumartesi gecesi" diyorlardı.

Wendy çocuklara baktı:

— Öyleyse hep birlikte dans edeceğiz, dedi. Ama önce geceliklerinizi giymelisiniz.

Çocuklar hemen gecelikleri giyip hep birlikte dansetmeye başladılar. Şarkılar söylediler. Bu öyle hoş ama aynı zamanda korkunç bir şarkıydı ki, çocuklar sanki kendi gölgelerinden korkuyorlarmış gibi davranıyorlardı. Aslında gerçek gölgelerin kısa bir süre sonra etraflarını saracağından haberleri yoktu.

Dans çok neşeli geçti. Bu arada birbirleriyle yastık kavgası yaptılar. Ayrıca Wendy'nin masalından önce, çocuklar da birbirlerine öyküler anlattılar.

En sonunda çocuklar Wendy'nin masalını dinlemek için yataklarına girdiler. Bu en çok sevdikleri masaldı. Fakat Peter bu masalı hiç sevmiyordu. Wendy masala başladığı zaman Peter kulaklarını tıkıyordu. Eğer Peter o gece de aynı şeyi yapsaydı, belki şimdi hepsi hâlâ orada olacaklardı.

Peter o gece hiç iskemlesinden kalkmadı...

***

Yedi çocuk, yatağa girmişlerdi. Michael ise Wendy'nin ayak ucundaki sepet beşikte yatıyordu.

Wendy, masalı anlatmaya başladı:

— Bir zamanlar bir adam vardı... Bu adamın adı Darling'di... Eşininkiyse Bayan Darling...

John:

— Ben onları bir zamanlar tanıyordum, diye mırıldandı.

Wendy masalına devam etti:

— Onlar birbirleriyle evliydiler... Darlingler'in neleri vardı biliyor musunuz?...

Masalı sürekli dinledikleri için ezberleyen Düdük:

— Masalın bu kısmı insanın kafasını karıştırıyor, dedi.

Wendy:

— Sus, Düdük! dedi. Onların üç çocukları vardı... Bu üç çocuğun sadık bir de dadıları vardı. Bu dadı bir köpekti ve adı Nana'ydı... Bir gece Bay Darling, Nana'ya çok kızdı ve onu götürüp bahçeye bağladı... İşte o gece üç çocuk, uçarak evden ayrıldılar... Onlar kayıp çocukların yaşadığı "Olmayan Ülke"ye uçtular...

Düdük bağırdı:

— Wendy, uçan çocukların birinin adı Düdük müydü?

— Evet, Düdük'tü.

— Yaşasın, masalda ben de varım!

— Gürültü etmeyin bakayım!... Şimdi hepinizden çocukları uçmuş olan o mutsuz anneyle babayı ve onların duygularını düşünmenizi istiyorum... O çocukların boş yataklarını düşünün...

İkizlerden biri:

— Bu çok acıklı! diye mırıldandı.

İkizlerden diğeri:

— Bu masalın mutlu bir sonu nasıl olabilir? dedi. Bunu bir türlü anlayamıyorum.

Wendy onlara gururla seslendi:

— Anne sevgisinin ne kadar büyük ve derin bir duygu olduğunu bilseydiniz, o zaman korkmazdınız.

Wendy şimdi masalın Peter'in nefret ettiği o bölümüne gelmişti.

— İşte çocuklar, sizin anlayacağınız bizim kız, annesinin odanın penceresini her zaman açık tutacağını biliyordu. Böylece çocuklar istedikleri zaman uçarak geri dönecek ve evlerine girebileceklerdi. Bunu düşünen çocuklar yıllarca Olmayan Ülke'de kaldılar ve çok eğlendiler...

Wendy sözlerine devam etti:

— Aradan uzun yıllar geçti. Ah! Londra İstasyonu'nda trenden inen, bu yaşı belli olmayan şık hanımefendi de kim acaba? Bu, güzel Wendy tabii!... Ve yanında da iki kibar bey yürüyor. Olgun birer erkek bunlar... Bu adamlar, John'la Michael olabilirler mi?... Evet, bu beyler, John'la Michael... Böylece üç kardeş, anne babalarının evlerine uçuyorlar... İnsan bu mutlu sahneyi sözlerle anlatamaz. O yüzden bu sahnenin üzerine perdeyi kapatacağız...

Çocukların hepsi bu masalı çok seviyorlardı. Wendy

masalını bitirdiği zaman, Peter hafifçe inledi.

Wendy, ona doğru koşarak:

— Ne oldu Peter? diye sordu.

Peter, soğuk bir sesle:

— Bir şeyim yok! diyerek içini çekti.

— Neyin var öyleyse?

— Wendy, sen anneler konusunda yanılıyorsun...

Çocukların hepsi korkuyla Peter'in etrafına toplandılar. Peter o zamana kadar hepsinden sakladığı bir şeyi açıklamaya karar verdi.

— Uzun yıllar önceydi... Ben de senin gibi annemin pencereyi içeri girebilmem için her zaman açık tutacağını sanıyordum. Bu yüzden aylarca, yıllarca eve dönmedim. Sonra uçarak oraya gittim. Ama pencere kapalıydı. Hattâ pencereye demir parmaklıklar geçirilmişti. Çünkü annem beni unutmuştu. Üstelik benim yatağımda da küçük bir erkek çocuğu yatıyordu...

Bunu dinleyen çocuklar iyice korktular. Demek annelerinin aslında iç yüzleri buydu.

John'la Michael bir ağızdan:

— Wendy, haydi eve gidelim! Annemizin babamızın yanına dönelim! dediler.

Wendy, kardeşlerine sarılarak:

— Evet, gideceğiz! dedi.

Çocuklar şaşırmışlardı.

— Bu gece gitmiyorsunuz, değil mi? diye haykırdılar.

Wendy kesin bir tavırla:

— Hemen şimdi gideceğiz! diye karşılık verdi.

Çünkü aklına korkunç bir şey gelmişti. "Belki de annem bizim için yas tutmaya başladı!" diye düşündü.

Wendy, sert bir bakışla Peter'e döndü:

— Peter, gerekli hazırlıkları yapar mısın?

Peter, umursamaz gibi görünerek:

— Sen istiyorsan... dedi.

Aslında Wendy gibi bir anneyi ve masal anlatan bir arkadaşı kaybedeceği için üzülmüştü. Büyüklerden şimdi daha da fazla nefret ediyordu. Çünkü büyükler her zaman olduğu gibi her şeyi berbat ediyorlardı.

Peter iyice öfkelenmişti. Hızlı hızlı solumaya başladı.

Bunun başka bir nedeni vardı. Olmayan Ülke'de, "Peter her soluk alışında bir büyüğün canı sıkılır" denirdi. Peter de intikam almak için hızlı hızlı solumaya çalışıyordu.

Peter, Kızılderililer'e gerekli emirleri verdikten sonra eve indi. O yokken odada hiç de hoş olmayan bir olay geçmişti.

Wendy'yi kaybedeceklerini düşünen çocuklar, onun üzerine yürümüşlerdi.

— Durumumuz eskisinden çok daha kötü olacak! diyorlardı.

— Onu hapsedelim!

— Zincire vuralım!

Wendy, çocukların bu sözleri karşısında fena hâlde telaşlandı. Tam o sırada Peter geri döndü. Çocuklar onu görür görmez, onun kendilerine yardım etmeyeceğini anladılar. Çünkü başkanları hiç kimseyi istemediği hâlde zorla adada tutmazdı. Hele bir kızı hiç tutmazdı. Peter, odada bir aşağı bir yukarı dolaşmaya başladı.

— Wendy, Kızılderililer'e seni ormandan geçirmelerini söyledim. Çünkü uçmanın seni yorduğunu biliyorum...

— Sağ ol Peter.

— Çıngırak da seni denizin üzerinden geçirecek. Haydi Soylu, periyi uyandır.

Aslında Çıngırak uyumuyordu, yatağına oturmuş konuşmaları dinliyordu. Wendy'yi hiçbir zaman sevmemiş olan Çıngırak, Wendy gideceği için çok sevinmişti. Bir taraftan da, "Ona yol gösterecek de değilim" diye düşünüyordu. Bunu Soylu'ya söyledi, sonra da uykuya dalmış gibi yaptı.

Soylu, Peter'e Çıngırak'ın sözlerini tekrarlayınca, Peter öfkeyle Çıngırak'ın odasına doğru gitti.

— Çıngırak! diye bağırdı. Hemen kalkıp giyinmezsen çocukları buraya çağırırım ve herkes seni, karmakarışık saçların ve gece şapkanla görür!

Çıngırak bu sözleri duyunca hemen yatağından fırladı.

— Peter, sana kalkmayacağımı da kim söyledi? dedi.

Çocuklar, bu arada üzgün bir hâlde, kardeşleriyle hazırlanan Wendy'ye bakıyorlardı.

Wendy tatlı bir sesle:

— Sevgili çocuklarım! dedi. İsterseniz siz de bizimle gelebilirsiniz. Annemle babamı sizi evlât edinmeleri için kandırabileceğimden eminim...

Wendy en çok Peter'in gelmesini istiyordu. Ama her çocuk sadece kendisini düşünmekteydi. Bu yüzden sevinçle zıplamaya başladılar.

Çocukların hepsi yalvarırcasına:

— Peter, gitmemize izin veriyor musun? diye haykırdılar.

Peter üzgün üzgün güldü.

— Tabii, gidebilirsiniz... dedi.

Çocuklar eşyalarını almaya koştular. Wendy ise artık her şeyin yolunda olduğunu sanıyordu.

Peter'e dönerek:

— Eşyalarını hazırlasana, Peter! dedi.

— Niçin hazırlayacakmışım? Ben seninle gitmiyorum ki, Wendy!

— Seni bırakmam. Benimle geleceksin...

"Gelmeyeceğim!" diyen Peter, aldırmadığını göstermek için odada zıplayarak dolaşmaya başladı. Bir taraftan da neşeyle pan flütünü çalıyordu.

Wendy peşinden giderek onu kandırmaya çalıştı. Peter kendi kendini, annesiz yapabileceğine inandırmıştı.

Zaten bütün anneleri ayrı ayrı düşünmüştü. Şimdi kendince sadece onların kötü yanlarını hatırlıyordu.

Wendy sonunda bu durumu çocuklara anlatmak zorunda kaldı.

— Çocuklar, Peter bizimle gelmiyor! dedi.

Çocuklar boş gözlerle Peter'e baktılar. Sopalarını omuzlarına almışlardı. Bunların uçlarında birer küçük çıkın asılıydı.

Peter bağırdı:

— Haydi, güle güle Wendy! Artık gidin, çünkü benim önemli bir işim var.

Wendy, Peter'in elini sıktı. Sıkıcı bir sessizlik oldu. Ama Peter herkesin karşısında ağlayacak bir çocuk değildi.

— Çıngırak, hazır mısın? diye seslendi.

— Evet geliyorum!

— Öyleyse sen önden git.

Peri ağaçtan yukarı fırladı. Ama kimse Çıngırak'ın peşinden gitmedi. Çünkü o sırada korsanlar, Kızılderililer'e korkunç bir şekilde saldırdılar. Feryatlar, çelik şıkırtıları duyuldu. Aşağıya birdenbire bir ölüm sessizliği çökmüştü. Wendy diz üstü çöküp, ellerini Peter'e doğru uzatmıştı. Zaten bütün çocukların elleri Peter'e doğru uzanmıştı. Hepsi Peter'e onları terk etmemesi için yalvarıyorlardı.

Peter kılıcını kaptı. Gözlerindeki parıltıdan, savaşa gideceği için mutlu olduğu anlaşılıyordu...

***

Korsanlar, Kanca'nın yönetiminde hiç beklenmedik bir anda saldırmışlardı. Çünkü Kızılderililer'i gafil avlamak, herkesin başarabileceği bir iş değildi.

Kızılderililer ise Kaptan Kanca'nın şerefli bir insan olduğunu sanıyor ve kurallara uyacağını düşünüyorlardı. Bu yüzden o gece Kanca'ya, kabilelerinin onuruna uyacak bir şekilde davrandılar. Uygar kimseleri şaşırtan ve umutsuzluğa düşüren o keskin duygularıyla korsanların adaya çıktıklarını anladılar.

Savaşçılar, Kanca'nın adamlarını karaya çıkardığı yerle çocukların evleri arasında her ağacın altını sessizce aradılar. Ancak, eteğinde çay akan bir tek tepe bulabildiler. Bu yüzden Kanca'nın başka seçeneği olmadığını anladılar.

Korsanlar bu tepeye bir kale yapmak ve şafağın sökeceği anı beklemek zorundaydılar.

Kızılderililer kurnazlıkla her şeyi saptadıktan sonra,

battaniyelerini açtılar. Rahatlıkla çocukların evinin damına yerleştiler. Şafak sökerken etrafa ölüm saçacakları soğuk ânı bekliyorlardı. Fakat Kanca şafağı beklemedi bile. Kuralları hiçe sayarak saldırıya geçti. Kızılderililer, Kaptan'ın peşinden koşmaktan başka bir şey yapamadılar. Bu yüzden düşmanları tarafından kolayca görüldüler.

Yaban Zambağı'nı iki cesur savaşçı koruyordu. Hepsi, korsanların üzerlerine doğru geldiğini gördüler. Onlar cesur atalarının oğullarıydılar. O yüzden uygun bir şekilde davranmaları gerekiyordu. Eğer o anda yerlerinden fırlasalardı, Kanca'yla adamlarının aşamayacakları bir engel de oluşturabilirlerdi. Ama kabilelerinin töreleri bunu yasaklıyordu. Çünkü kutsal kitaplarda, soylu yerlilerin, beyazlar karşısındaki şaşkınlıklarını hiçbir zaman belli etmemeleri gerektiği yazılıydı. Korsanların çıkışına rağmen, kızıderililer yerlerinden bile kıpırdamadılar. Böylece törelerini cesurca yerine getirdikten sonra silâhlarını kaptılar. Ama artık çok geç kalmışlardı. Pikanini kabilesinden bir çok kimse yere devrildi.

Eğer Kanca şafağa kadar tepede bekleseydi, her halde o ve adamları saldırıdan sağ çıkamazlardı. Kanca geceki işlerinin henüz sona ermediğini düşünüyordu. Oraya Kızılderilileri mahvetmeye gelmemişti. Onlar sadece Peter Pan'ı yakalayabilmesi için aşılması gereken engellerdi. Kanca, Peter Pan'ı, Wendy'yi ve çocukları ele geçirmeye kararlıydı. Ama en çok yakalamak istediği Peter Pan'dı. Kanca, korsanlarını aşağıya nasıl indireceğini bilemiyordu. Korsan aç gözlerle ağaçlara baktı. Bunların en incesini bulmaya çalışıyordu.

Acaba o sırada çocuklar ne yapıyorlardı?...

Yukarıdaki kargaşalık ve gürültü birdenbire başlamış ve hemen bitmişti. Sanki şiddetli bir rüzgâr gibi esivermişti. Ama çocuklar rüzgârın bu geçişi sırasında kaderleri konusunda karar vermiş olduğunu anlıyorlardı.

Çocuklar zaferi kimin kazandığını öğrenmek için Kızılderililer'in davul sesini bekliyorlardı. Eğer Kızılderililer kazanmışlarsa davul çalarlardı. Fakat ağaç deliklerinden onları dinleyen korsanlar bu konuşmayı duymuşlar ve hemen davulu bulup çalmaya başlamışlardı. Kızılderililerin kazandığını sanan çocuklar sevinçle bağırdılar. Çocuklar hemen Peter'le vedalaşmaya başladılar. Kanca sessizce emir verdi. Her ağacın yanında bir korsan bekleyecekti.

***

Ağaçtan yukarıya ilk çıkan Kıvırcık oldu. Korsan Cacco hemen onu yakaladı ve Kıvırcık'ı, Kanca'nın ayaklarının dibine attı.

Bütün çocuklar sırayla aynı şekilde yakalandılar. En son Wendy yakalandı.

Kanca, kızı selâmladıktan sonra, diğerlerinin bağlandıkları yere Wendy'yi de götürdü. Çocukları kaçmalarına engel olmak için bağlıyorlardı.

Kanca artık kendisini Peter'i yakalamış gibi sayıyordu. Bu düşüncesini adamlarına açıklamadı. Adamlarına esirleri hemen gemiye götürmelerini, orada yalnız kalmak istediğini işaretlerle anlattı.

Peki, çocukları gemiye nasıl götüreceklerdi? Kanca buna da bir çözüm buldu.. Eliyle Wendy'nin küçük evini taşıt olarak kullanmalarını işaret etti.

Çocukları eve attılar. Dört korsan evi omuzlarına yüklendiler. Sonra o korsan şarkısını söyleyerek, ormanda ilerlemeye başladılar.

Kanca, Peter'i nasıl yakalayacağını uzun uzun düşündü. Kendi kendine:

— Acaba uyuyor mu? diye söylendi.

Aşağıya inmedikçe bunu öğrenemeyecekti. Kanca usulca, ağaçtaki delikten içeri girdi ve aşağıya doğru indi. Ağacın dibine sağ salim ulaştı. Soluğunu tutarak etrafı inceledi. Gözlerini odadaki tek bir şeye dikti. Peter büyük bir yatakta mışıl mışıl uyuyordu.

Peter yukarıda olanların hiçbirinin farkında bile değildi.

Çocuklarla vedalaştıktan sonra uykuya dalmıştı. Kanca, Peter'i böyle savunmasız bir hâlde yakaladı. Peter bir kolunu yana atmış, tek bacağını kıvırmıştı. İnci gibi süt dişleri gözüküyordu.

Korsan, ağacın dibine oturarak oradan düşmanına baktı. Çocuğun böyle mışıl mışıl uyuması, korsana gerçekten çok dokundu. Eğer iyi taraf ağır bassaydı, ağaçtan tekrar yukarı çıkacaktı. Belki bunu istemeye istemeye yapacaktı ama Peter kurtulacaktı. Yalnız bir şey Kanca'nın geri dönmesini sağladı: Peter uykusunda bile küstah görünüyordu. Bu yüzden Kanca'nın tepesi attı. Kanca usulca ilk adımını atarken bir engelle karşılaştı. Bu Ufaklık'ın ağacının kapısıydı.

Kanca, düşmanlarının eline canlı olarak düşmekten korkar ve bu yüzden yanında korkunç bir zehir taşırdı. Bir bardak suya birkaç damla zehir akıttı. Sevincinden eli titriyordu. Kanca bu işi bitirdikten sonra, düşmanına son bir kez sevinçle baktı. Dönerek ağaçtan zorlukla çıktı. Sonra sıkıca pelerinine sarıldı. Kendi kendine acayip bir şeyler homurdanarak ormanda ilerledi. Peter hâlâ uyuyordu. Bir süre sonra birdenbire yataktan doğrulup oturdu. Biri usul usul ağacına vuruyordu. İki adımda kapıya gitti.

— Kim o? diye bağırdı.

Sonunda dışardaki konuştu. Sesi çan gibi tatlı ve güzeldi.

— Kapıyı aç, Peter... Ben geldim, Çıngırak!

Peter çabucak onu içeri aldı. Perinin yüzü kızarmış, giysisi çamur içinde kalmıştı. Peri hemen Peter'e, Wendy'yle çocukların korsanlar tarafından nasıl yakalandıklarını anlattı. Wendy'yi bağlamış ve korsan gemisine götürmüşlerdi. Peter bunları dinlerken, yüreği ağzına geliyor, bir aşağı bir yukarı dolaşıyordu. O sırada Peter, zehirli suya doğru uzandı.

Çıngırak:

— Sakın onu içme! diye haykırdı. O su zehirli Peter!

— Zehirli mi? Buna zehiri kim koymuş olabilir?

— Kanca tabii ki!...

— Ama nasıl olur, ben buradaydım. Hem ben hiç uyumadım!

Peter bardağı ağzına doğru götürdü. Çıngırak bir yıldırım gibi atılarak, Peter'in ağzına girdi ve ister istemez suyu içti. Az sonra peri havada sendelemeye başladı.

Peter korkuya kapılarak sordu:

— Neyin var senin? Niçin o suyu içtin?

Çıngırak fısıltıyla cevap verdi:

— Peter, ben zehirlendim. Biraz sonra öleceğim. O ilacı seni kurtarmak için içtim.

Çıngırak'ın kanatları onu artık zorlukla taşıyordu. Peter'in omzuna kondu. Sonra sendeleye sendeleye odasına gitti ve yatağına uzandı. Peter üzüntüyle yatağın önüne diz çöktü. Çıngırak'ın ışığı gitgide daha da sönükleşiyordu. Peter bu ışığın sönmesi halinde perinin öleceğini biliyordu. Peter artık gözyaşlarını tutamadı. Sonunda Olmayan Ülke'yi düşlerinde gören çocuklara seslendi. Onlar, Peter'e sandığınızdan çok daha yakındılar. Peter, gecelikli çocuklara, sepetlerde yatan Kızılderili bebeklere sesini duyurmaya çalıştı.

— Perilere inanıyorsunuz değil mi? Eğer inanıyorsanız Çıngırak'ın ölmesine izin vermeyin. Haydi, el çırpın!

Çocuklar el çırptılar. Birkaç hayvan da ıslık çalar gibi ses çıkardı. Sonra el çırpmalar birdenbire kesildi. Sanki yüzlerce anne, ne olduğunu anlamak için çocuklarının odalarına koşmuşlardı. Ama Çıngırak da kurtulmuştu artık! Önce sesi güçlendi, sonra yatağından fırlayarak, odada hızla uçmaya başladı.

Peter:

— Şimdi gidip Wendy'yi kurtaracağız! dedi.

Peter bütün silâhlarını kuşanmış hâlde, tehlikeli macerasına atılmak üzereydi. Peter, ağacından yukarı çıktığı zaman, Ay bulutların arasında parıldıyordu. Peter'in

Kızılderililer gibi sessizce ilerlemekten başka yapabileceği bir şey yoktu. Neyse ki bu konuda ustaydı. "Acaba ne tarafa gitsem? Korsanların çocukları gemiye götürdükleri kesin mi?" diye düşünüyordu.

Hafif kar yağmış ve bütün izleri de örtmüştü. Adaya bir ölüm sessizliği çökmüştü. Az sonra Timsah, Peter'in önünden geçti. Etrafta ondan başka bir canlı görünmüyordu. Ama Peter, korkunç bir tehlikenin, bir ağacın altında kendisini bekleyebileceğini ya da arkadan gizlice sokulacağını biliyordu.

Peter o sırada bir yemin etti.

— Bu sefer ya Kanca ölecek, ya da ben!...

Peter bir yılan gibi yerde sürünerek ilerlemeye başladı. Sonra doğrularak Ay ışığının aydınlattığı bir açıklığı hızla aştı.

Kid koyunda, iki direkli bir tekne olan Neşeli Roger, uğursuz bir biçimde demir atmıştı. Geminin oldukça sessiz bir hâli vardı. Hoş olmayan, sadece bir dikiş makinesinin sesiydi. Smee bunun başına geçmiş, dikiş dikiyordu. Smee, insanın içine dokunan bir adamdı. Onun, insanın içine neden dokunduğunu biliyorum. Belki de bunun nedeni adamın bu hâlinden haberi olmayışıydı. En güçlü adamlar bile Smee'ye uzun bir süre bakamıyor, başlarını çeviriyorlardı. Hattâ bazı geceler Kanca ona bakarken gözleri doluyordu. Smee bu durumdan habersizdi.

Birkaç korsan küpeşteye dayanmış, dinleniyorlardı. Bazıları fırçaların yanında yere uzanmış, zar ya da iskambillerle oyun oynuyorlardı. Küçük evi taşımış olan dört tayfa güverteye serilip kalmışlardı.

Kanca düşünceli düşünceli güvertede dolaşıyordu. Bu onun zafer saatiydi. Artık Peter'i ortadan kaldırmış olduğuna kesinlikle inanıyordu. Diğer çocuklar da tümüyle gemideydi.

Kanca'nın hâli pek neşeli görünmüyordu.

Kaşları çatılmıştı, yüzü gülmüyordu. Canı fena hâlde bir şeye sıkılmış gibiydi. Sanki korsan, yakında başına bir felâket geleceğini seziyordu. Belki de Peter'in o korkunç yemini gemisine ulaşmıştı bile...

Korsan, uzun süre Smee'ye bakarak homurdandı durdu. Smee, çocukların da kendisinden fena hâlde korktuklarını düşünerek dikiş dikiyordu.

Korkmak mı? Smee'den korkmak mı?... O gece, gemideki çocukların içinde Smee'yi sevmeyen bir tek kişi bile yoktu. Küçüklerin hepsi ona sarılmışlardı. Hatta Michael de Smee'nin gözlüğünü kaparak kendi gözüne takmıştı. Ama Smee, çocukların kendisinden korktuklarını zannediyordu. Kanca gerçeği ona söylemek istiyordu. Ama bu da çok zalimce bir şey olurdu. Bu yüzden Kanca şimdi bu esrarlı durumu kafasında inceleyip duruyordu. "Niçin herkes Smee'yi seviyor? Smee, sevilecek bir adam olmalı.. Onu sevilecek hâle sokan nedir?" Kanca birdenbire cevabı buldu. Çünkü o hain bir adam değildi. Kanca, "Yani ben hain miyim? Bir adamı hain olmadığı için parçalamak ne demek olur? Hainlik etmek olur tabii." diye düşündü.

Mutsuz Kanca bunları düşünürken, ter içinde kalmıştı. Güverteye boylu boyunca devrilip, uykuya daldı. Korsanlar, Kaptan'ın bir süre kendilerini rahatsız etmeyeceğini düşünerek gevşediler. Bir kısmı ayağa kalkarak dans etmeye başladı. Öylesine gürültü ediyorlardı ki, Kanca bu gürültüden uyandı.

Kendine gelince haykırdı:

— Kesin sesinizi köpekler! Yoksa sizi paramparça ederim!

Gürültü hemen kesilmişti.

Kanca tekrar gürledi:

— Çabuk çocukları yukarı çıkarın!

Wendy dışında bütün esir çocuklar sürüklenerek güverteye getirildiler. Çocukları Kanca'nın karşısına sırayla dizdiler. Kaptan bir süre sanki onların farkında değilmiş gibi davrandı. Sonra birdenbire harekete geçerek, çocuklara:

— Aptallar! dedi. Bu gece altı taneniz balıklara yem olacak. Ama gemiye iki miço gerekiyor. Hanginiz bu işi istiyorsunuz?...

Çocuklar aralarında bu işi kimin yapabileceğini tartıştılar. Çocuklardan hiçbiri bu işi kabul etmek istemiyordu.

Kanca:

— Madem iki kişi bile ölümden kurtulmak istemiyor, hepiniz öleceksiniz! diye bağırdı. Bu çocukların annelerini hemen yukarı çıkarın!

Wendy yukarı çıkarıldığı zaman, korsan tayfalar bile cesurca bir tavır takınmaya çalıştılar. Kız yukarı çıkar çıkmaz, geminin yıllardan beri şöyle baştan aşağıya iyice temizlenmemiş olduğunu fark etmişti. Çocuklar etrafını sardığı zaman Wendy, geminin pisliğini hemen unutuverdi. Şimdi sadece çocuklarını kurtarmayı düşünüyordu.

Wendy üzgün bir sesle sordu:

— Çocuklarım ölecek mi?...

— Evet, hepsi ölecekler! Haydi küçük hanım, çocuklarınıza son sözlerinizi söyleyin!

Wendy etkileyici bir tavır takınarak söze başladı:

— Sevgili çocuklarım! Bunlar benim size son sözlerim... Şimdi sizlere gerçek annelerinizin sözlerini tekrarlamak istiyorum. Onlar, "bu anda çocuklarımızın birer kahraman gibi öleceklerini umuyoruz" diyorlar.

Bu sözlerden korsanlar bile etkilendiler. Kanca kendini toparladı:

— Hemen şu kızı bağlayın! diye bağırdı.

Smee, kızı alarak yelken direğine bağladı.

Kanca dişlerini sıkarak çocuklara gülümsedi. Sonra da Wendy'ye doğru bir adım attı. Kızın yüzünü denize doğru çevirmek istiyordu. Wendy'nin, çocukların teker teker sulara gömülmesini seyretmesini istiyordu.

Kanca bunu gerçekleştiremedi. Çünkü o anda timsahın korkunç tıkırtısını duydu. Korsanlar, çocuklar, Wendy, hepsi Korsan Kanca'ya doğru yöneldiler. Kanca'nın hâlindeki değişikliği görmek, gerçekten korkunç bir şeydi. Sanki adamın her eklemini ayrı ayrı kesmişlerdi. Kanca içi boş bir giysi gibi yere yığıldı. Tıkırtı gitgide daha da yaklaşıyordu. Korsan hemen doğruldu. Dizlerinin üzerinde güvertede ilerlemeye başladı. Sesin geldiği taraftan uzaklaşmaya çalışıyordu.

Kanca boğuk bir sesle:

— Beni çabuk saklayın! O canavar beni görmesin! diye bağırdı.

Korsanlar onun etrafını sardılar. Çocuklar, Kanca gözden kaybolduğu zaman canlandılar. Timsahın gemiye tırmanmasını seyretmek için küpeşteye koştular. Çocuklar, timsah yerine Peter'i görünce çok sevindiler. Peter çocuklara korsanları şüphelendirmemeleri için işaret etti. Sonra aynı tıkırtıyla yaklaşmaya devam etti.

HAYDİ ÇOCUKLAR

Peter, timsahın tıkırtısını taklit ederek yelkenliye yaklaşmıştı. Tabii bu yüzden timsah da Peter'in peşine takılmıştı. Timsah, kaybettiği saati almayı düşünüyordu. Bu yüzden Peter'i izlemeye başlamıştı.

Timsah, saatini Peter'in aldığını sanıyor olmalıydı. Belli ki o da aptalın biriydi. Peter kazasız belasız kıyıya ulaştı. Ama yoluna yine de devam etti. O kadar uzun süre tıkırdamıştı ki, farkında olmadan aynı sesi çıkarıyordu. Aynı anda serdümen Tekbaş kamaradan çıktı, güvertede ilerlemeye başladı. Peter, korsanın başına hızla vurdu ve bir işaret verdi. Çocuklar küpeştenin üzerinden denize atladılar. Bundan kısa bir süre sonra Peter bir gölge gibi kamaraya süzüldü. Korsanların çoğu timsaha bakmak için cesaretlerini toplamaya çalışıyorlardı. Sesler uzaklaştığından, o korkunç hayvanın da uzaklaşmış olduğu kanısına vardılar. Kanca hemen eski hâline döndü. Şimdi çocuklardan her zamankinden daha fazla nefret ediyordu. Çünkü onlar, onun ne kadar korktuğuna tanık olmuşlardı.

Kaptan Kanca:

— Jukes, benim kediyi getir! diye emretti. Kedi benim kamaramda duruyor.

Fakat kamaraya Peter saklanmıştı! Çocuklar anlamlı anlamlı birbirlerine baktılar.

Jukes, neşeyle:

— Emredersiniz, Kaptan! diyerek hızla kamaraya girdi.

Az sonra korkunç bir çığlık etrafta yankılandı ve onu neşeli bir kahkaha izledi. Çocuklar bunun ne anlama geldiğini hemen anladılar.

Korsanlar bu kahkahayı çığlıktan daha korkunç buldular.

İtalyan Cacco bir anlık kararsızlıkla durdu. Sonra kamaraya girdi. Bir saniye sonra şaşkınlıkla geri döndü.

Boğuk bir sesle:

— Jukes ölmüş! dedi. Onu hançerle öldürmüşler!

Kanca, buz gibi bir sesle:

— Cacco, dedi. Hemen kamaraya git ve o yaratığı buraya getir!

Cacco, Kanca'dan hiç korkmadan, gitmek istemediğini söyledi. Fakat sonunda Kanca'nın tehditlerine dayanamadı ve gitmek zorunda kaldı. Tekrar o çığlık duyuldu. Bunu yine neşeli bir kahkaha izledi.

Kanca, adamlarına cesaret vermeye çalışarak:

— Kim gidip bana o yaratığı getirecek? dedi.

Kimse gitmeye yanaşmıyordu. Kanca birkaç kişiye teklif etti ama adamlar oraya gitmektense asılmayı tercih ediyorlardı. Kanca birden çocuklara dönerek, kurnaz bir şekilde gülümsedi.

— Aklıma çok güzel bir fikir geldi, dedi. Çocukları hemen kamaraya tıkın! Bırakalım da onlar yaratıkla boğuşsunlar. Çocuklar ölürse biz zarar görmemiş oluruz!

Korsanlar çocukları ite kaka kamaraya soktular, kapıyı da üzerlerine kapattılar. Bütün korsanlar olanları duymak için kulak kabarttılar. Wendy kamaranın kapısına bakıyordu. Az sonra Peter, zincirlerin anahtarlarını buldu. Şimdi çocuklar güverteye çıkıyorlardı. Silahları da ellerine almışlardı. Peter onlara hemen saklanmalarını işaret etti. Wendy'nin bağlarını kesti.

Peter, Wendy'yi kurtardıktan sonra:

— Sen de onlarla birlikte saklan! diye fısıldadı.

Bunu söyledikten sonra da kızın yelken direğinin önündeki yerine geçti. Üzerine Wendy'nin pelerinini aldı. Sonra derin bir nefes alarak alaylı bir kahkaha attı. Korsanlar o zaman çocukların hepsinin kamarada öldüklerine ve oraya gizlenen yaratığın buna sevindiğine karar verdiler.

Kanca:

— Bu felaketlere o kız neden oldu! diye haykırdı. Çabuk o uğursuz kızı denize atın!

Adamlar, direğin önündeki pelerine sarılmış olan çocuğa doğru koştular.

Peter, üzerindeki pelerini atarak haykırdı:

— Karışınızda bir bayan değil, intikamcı Peter Pan bulunuyor!

Korsanlar o zaman kamaradaki yaratığın kim olduğunu anladılar. Kanca iki kez konuşmaya çalıştı ama başaramadı. Çünkü sesi çıkmıyordu.

Sonunda:

— Onu delik deşik edin! diye bağırdı.

Peter'in de sesi etrafta çınladı:

— Haydi çocuklar! Onlara saldırın!

Az sonra çelik şakırtıları bütün gemiyi doldurdu. Korsanlar bir arada kalsalardı savaş kazanırlardı. Fakat telaşla sağa sola koşarak kılıçlarını deli gibi sallıyorlardı. Çocuklara saldıramıyor, kendilerini savunmaya çalışıyorlardı.

Bazı korsanlar denize atladılar, bir kısmı ise saklandı. Ufaklık, saklananları elindeki fener sayesinde buldu.

Çocukların bir kısmı Kanca'nın etrafını sardıkları sırada diğer korsanlar ya ölmüş ya da denize atlamışlardı. Kanca'nın sanki bir sihirli gücü vardı. Çocukların birkaç kez saldırmasına rağmen her seferinde kurtulmayı başardı.

Sonra Peter araya girdi. İki düşman karşı karşıya kaldılar. Uzun bir sessizlikten sonra Kanca konuştu:

— Küstah çocuk! Ölüme hazır ol!

— Karşındayım, karanlık yüzlü adam! Kendini Peter Pan'dan koru!

Hemen düelloya başladılar. Peter harika kılıç kullanıyordu. Kanca da Peter kadar ustaydı. Sonunda Peter onu kaburgalarının üstünden yaraladı.

Bildiğimiz gibi, Kanca kendi kanını görmekten nefret ederdi. Kanca kanının aktığını görünce, kılıcı elinden kaydı. Artık Peter'in elindeydi. Peter, Kanca'ya kılıcını tekrar almasını işaret edince, o da hemen kılıcı kaptı. Adam şimdi korkunç bir şüpheyle, deli gibi dövüşüyordu. Ama Peter'e kahramanca karşı koyuyordu. Peter, Kanca'nın savunmasını aşarak onu yine yaraladı. Artık Kanca'nın tek bir dileği vardı. Ölmeden önce Peter'in kibar ve mertçe olmayan bir davranışını görmek!

Kanca birden düellodan vazgeçerek, barut deposunu ateşe verdi.

— İki dakika sonra gemi havaya uçacak! diye haykırdı.

Bir taraftan da kendi kendine şunları söylüyordu:

— Şimdi çocuğun içyüzü ortaya çıkacak!

Peter hemen depoya daldı. Bir süre sonra, elinde yanan fitille dışarı çıktı. Bunu sakin sakin denize attı. Korsan iyice şaşırmıştı. Peter'in elinde hançeriyle kendisine doğru geldiğini görünce, küpeşteye fırladı. Kendisini denize atmaya hazırlanıyordu. Timsahın kendisini yemek için beklediğinden de haberi yoktu. Timsahın yuttuğu saat durmuştu. O yüzden tıkırtı duyulmuyordu.

Az sonra Kanca, Peter'e kendisine bir tekme atmasını söyledi. Peter de hançer kullanmaktan vazgeçerek onu tekmeyle denize yuvarladı. Böylece Kanca'nın istediği oldu. Çünkü denize yuvarlanmadan önce, Peter'e "Bu yaptığın bir kalleşliktir!" diye bağırdı. Böylece korsan Kanca ortadan kalkmış oldu.

O gece Starkey'le Smee kıyıya ulaştılar. Starkey'i Kızılderililer yakaladılar ve onun çocuklarına dadılık etmesine karar verdiler. Smee ise dünyayı dolaşmaya başladı.

Wendy savaşa katılmamış, bir kenarda durarak olup

bitenleri izlemişti. Artık dövüş sona erdiği için eski önemini kazanmıştı. Bütün çocukları da aynı derecede kendisini övdü. Wendy sonra çocukları kamaraya götürerek, onlara Kaptan'ın duvardaki çiviye asmış olduğu cep saatini gösterdi. Saat bir buçuğa geliyordu.

O gece çocukların hepsi gemide uykuya daldılar.

Ertesi sabah çocukların hepsi erkenden uyandılar, çabucak giyindiler ve hayalî tıraş oldular. Tam birer denizci gibi yalpalayarak güverteye çıktılar.

Kaptan Peter'di. Soylu'yla John, onun yardımcılarıydılar. Wendy gemide konuktu. Diğerleri ise tayfaydılar ve kamarada kalıyorlardı.

Peter'in emri üzerine gemiyi döndürerek karaya doğru gitmeye başladılar.

Kaptan geminin haritalarını inceledikten sonra, 21 Haziranda Azor Adaları'na ulaşacaklarını hesapladı. Ondan sonrasını uçtukları taktirde zaman kazanmış olacaklardı.

Şimdi, gemiyi kendi hâline bırakarak, üç kardeşin uzun bir süre önce uçarak kaçtıkları o üzgün eve bir göz atalım...

Çocukların yatak odasında bir tek değişiklik var.

Köpek artık sabahtan akşama kadar bu odada kalıyordu. Bay Darling bütün suçun kendisinde olduğuna karar verdi. Nana'yı o gece avluya bağlamakla bu felakete neden olmuştu. Nana'nın her zaman kendisinden daha akıllıca davrandığını düşünüyordu. Aslında Bay Darling saf bir adamdı ve o soylu bir şekilde adaletin yerine getirilmesini isterdi. Bay Darling, çocukların kaçmasından sonra bu olayı uzun uzun düşündü. Sonra dört ayak üstünde aşağıya inerek, köpek kulübesine girdi. Bay Darling, çocuklar geri dönünceye kadar köpek kulübesinden çıkmamaya yemin etti. Üstelik Bay Darling şimdi Nana'ya büyük bir saygı gösteriyordu. Artık dadının kulübeye girmesine izin vermiyordu. Nana'nın diğer isteklerini de harfi harfine yerine getiriyordu.

Bayan Darling ise, perşembe akşamı çocukların yatak odasında oturmuş, eşinin eve dönmesini bekliyordu. Kadının bakışları kederliydi. Artık kadının eski günlerdeki neşesi yok olmuştu. Bunun nedeni elbette ki kadının çocuklarını yitirmiş olmasıydı.

Bay Darling işten döndükten sonra uykusu geldiği için köpek kulübesinin içine kıvrılıp yattı. Bayan Darling ise çocukların gündüz odasına doğru gitti. Az sonra karı koca uykuya daldılar. Onlar böyle uyurken, uçarak Peter'le Çıngırak pencereden içeri girdi.

Peter fısıldadı:

— Çıngırak, çabuk pencereyi kapat ve sürgüyü sür. Biz seninle kapıdan çıkıp gideriz. Wendy geldiği zaman annesinin artık kendisini içeriye almayı istemediğini düşünür. O zaman benimle birlikte geri döner.

Demek ki Peter en başından beri böyle bir oyun oynamaya karar vermişti! Peter Pan çok kötü bir şekilde davrandığını düşünmüyor, bunun yerine neşeyle dans edip duruyordu. Sonra çocukların gündüz odasına usulca baktı.

Çıngırak'a fısıltıyla:

— Bu Wendy'nin annesi, dedi. Güzel bir bayan. Ama Wendy'yi bir daha göremeyecek, çünkü pencere sürgülü!

Az sonra Peter tekrar çocukların gündüz odasına bir kere daha baktı. Bu kez gördükleri karşısında çok üzüldü. Çünkü Bayan Darling'in piyanonun başında ağladığını gördü. O zaman kadının gerçekten Wendy'yi sevdiğini anladı. Kadının bu hâli Peter'e dokunmuştu. Tekrar Çıngırak'a sürgüyü çekmesi için emretti, sonra da oradan uzaklaştı. Böylece Wendy, John ve Michael pencereyi açık buldular. Üç kardeş odaya uçarak indiler. Sonra gidip kulübeye baktılar. Kulübede babalarını görünce çok şaşırdılar.

Wendy kekeleyerek:

— Galiba biz eski yaşantımızı sandığımız kadar iyi hatırlayamıyoruz, dedi.

John:

— Haydi içeri girelim ve ellerimizle annemizin gözlerini kapayalım! dedi.

Wendy:

— Benim bir fikrim var, dedi. Şimdi hepimiz yataklarımıza girip yatalım. Annem odaya girdiği zaman bizi orada bulsun. Sanki hiç gitmemişiz gibi olur.

MUTLU AN

Az sonra Bayan Darling, çocukların odasına girdiği zaman üç kardeşi yataklarında buldu. Bayan Darling çocuklarının geri döndüklerine bir türlü inanamamıştı. Çünkü kadın düşlerinde çocukları sık sık bu hâlde görmüştü. Kadın, üç çocuğunu kucaklamak için kollarını uzattı ve yavrularına sıkıca sarıldı. Bayan Darling artık düş görmediğini anlamıştı. "George! George!" diye güçlükle bağırabildi. Bay George Darling de uyanarak o mutlu anı paylaştı. Nana havlayarak odaya daldı.

Bu mutlu sahneyi pencereden sadece bir kişi seyrediyordu: Peter Pan!... O, şu anda diğer çocukların hiçbir zaman bilemeyecekleri şeylerle karşılaşmıştı.

Diğer bütün çocuklar, durumu annesine anlatması için Wendy'ye biraz süre tanımışlardı, onu aşağıda bekliyorlardı. Bir süre aşağıda bekledikten sonra yukarı çıktılar. Çocuklar bakışlarıyla "bizi alın" diye yalvarıyorlardı.

Karı-koca, çocukları almayı kabul ettiler. Fakat Bay Darling kalabalık oldukları için somurtuyordu. Hoş sayılmayacak bir şekilde davrandığının farkındaydı ama buna engel olmak da elinden gelmiyordu. Adam sonunda neşeyle dans ederek evde dolaşmaya başladı. Çocuklar da onun peşinden oynayarak gittiler. Çocuklar evde kendilerine birer köşe bularak sığındılar.

Peter ise oradan ayrılmadan önce, son defa Wendy'yi gördü ve kıza bakarak:

— Hoşça kal, Wendy! dedi.

O sırada bayan Darling pencereye yaklaştı.

— Peter, seni de yanımıza almak isteriz! dedi.

Peter:

— Büyümek benim hoşuma gitmiyor! dedi. Bir gün uyanıp, sakallarımın çıkmış olduğunu görürsem ben ne yaparım? Bunu kabul edemem! Ben Çıngırak'la birlikte Wendy'ye yaptığım evde yaşarım. Orada çok eğleneceğim.

Wendy:

— Ocağın önünde yapayalnız oturacaksın! diye hatırlattı.

— Ben de Çıngırak'la konuşurum.

— Ama o doğru dürüst konuşmasını bilmiyor ki!

— Öyleyse sen de benimle birlikte o küçük eve gel!

— Anne, Peter'le gidebilir miyim? Onun bir anneye ihtiyacı var!

— Hayır, gidemezsin! Çünkü senin de bir anneye ihtiyacın var!

Sonra kadın, Peter'e dönerek iyi bir öneride bulundu.

— Peter, Wendy'nin her yıl bir hafta sana misafir olarak gelmesine izin vereceğim. Kızım o zaman hiç olmazsa bahar temizliğini yapar.

Peter buna sevinmişti. Neşeyle uçarak gitti. Daha sonra Darlingler bütün çocukları okula yolladılar. Çoğu üçüncü sınıfa başladı.

Ufaklık ise dördüncü sonra da beşinci sınıfa alındı. Birinci sınıfta en üstün öğrenci oluyorlardı. Çocuklar çok geçmeden adadan ayrıldıklarına pişman oldular. Ama bu yeni yaşantılarına da çabuk alıştılar. Ne yazık ki uçma yeteneklerini de yavaş yavaş kaybettiler. Başlangıçta Nana her gece çocukların ayağını karyolanın çubuklarına bağlıyordu. Çünkü onların gece uçarak kaçmalarından korkuyordu.

Peter, ilk yılın sonunda Wendy'yi almaya geldiği zaman Michael de ablasının yanındaydı. Wendy, Olmayan Ülke'de yapraklar ve çiçeklerden yaptığı kıyafeti giymişti.

Wendy, Peter'le eski günlerden söz edeceklerini sanmıştı. Oysa Peter olayların çoğunu unutmuştu. Wendy, Peter'e baş düşmanından söz ettiği zaman Peter, Kanca'yı tanımadığını söylemişti. Bu kez Wendy, Çıngırak adlı periyi uzun uzun Peter'e anlatıp, hatırlamasını istedi. Peter, Çıngırak'ı da anımsamadı.

— Herhâlde ölmüş olmalı, dedi. Çünkü ben öldükten sonra onları unutuyorum.

Ayrıca Wendy, Peter'in geçmiş olan yılı da bir gün gibi saydığını görerek üzüldü. Oysa Wendy, Olmayan Ülke'ye döneceği günü beklerken bu yıl ona pek uzun gözükmüştü. Peter her zamanki gibi eğlenceliydi. Bahar temizliği yaparken de çok eğlendiler.

Ertesi yıl Peter, Wendy'yi almaya gelmedi. Oysa Wendy yeni bir elbise giymişti. Çünkü artık eski elbiseye sığmıyordu.

Daha sonraki yıl Peter bahar temizliği için Wendy'yi almaya geldi. Fakat geçen yılı atlamış olduğunun hiç farkında değildi.

Bu Wendy'nin Peter'i son görüşü oldu.

Wendy, Peter'in hatırı için büyümemeye çalıştı. Aradan yıllar geçti, ama o kayıtsız çocuk gözükmedi.

Peter'le tekrar karşılaştıkları zaman Wendy artık evli bir bayandı. Peter ise onun için, çocukken oyuncaklarını sakladığı kutudaki toz gibi bir şeydi. Wendy artık büyümüştü. Wendy zaten büyümekten hoşlanan insanlardandı. Gruptaki diğer çocuklar da iyice olgunlaşmışlardı.

İkizler ile Soylu ve Kıvırcık'ı her gün işe giderlerken görebilirsiniz. Ellerinde küçük çantaları ve şemsiyeleri oluyor, Michael bir lokomotifçi oldu. Ufaklık ise asil bir kızla evlendi ve bir lord oldu. Düdük ise yargıç oldu.

Wendy, düğününde pembe kuşaklı beyaz bir gelinlik giydi. Peter bu düğüne katılmadı.

Aradan yıllar geçti ve Wendy'nin bir kızı oldu. Kızının adı Jane'di. Jane büyüdüğü zaman annesi gibi Peter Pan'dan söz etmeye başladı. Bu konu hakkında konuşmak hoşuna gidiyordu. Wendy kızına Peter hakkında bildiklerini anlattı. Wendy'nin kardeşleriyle birlikte yattığı o çocuk odası artık Jane'indi. Çünkü babası Bay Darling bu evi ona vermişti. Bayan Darling ise ölmüştü.

Şimdi çocuk odasında iki karyola vardı. Bunlardan birinde Jane'in dadısı yatıyordu. Köpek kulübesi ortalarda yoktu. Çünkü Nana da ölmüştü. Haftada bir akşam Jane'in dadısı izinliydi. Bu gecelerde kızını Wendy yatırıyordu.

Böyle gecelerde Wendy kızına Peter'le karşılaşmasını ve Olmayan Ülke'den söz ediyordu, tabii onu bir masal gibi anlatıyordu.

Bir gece masal bitmiş, küçük kız yatağında uyuyordu. Wendy ocağın önünde oturuyordu Elindeki dikişi görebilmek için koltuğu ateşe iyice yaklaştırmıştı; çünkü odada başka ışık yoktu.

Kadın dikişe daldığı bir sırada neşeli bir kahkaha sesi duydu. Eskisi gibi pencere hızla açıldı ve Peter içeri atladı.

Peter hâlâ eskisi gibiydi. Ağzındaki süt dişleri olduğu gibi duruyordu. Peter Pan, yine küçücük bir çocuktu. Ama Wendy büyümüştü.

Wendy, küçülmeye çalışarak:

— Merhaba, Peter! dedi.

Peter, eski arkadaşındaki değişikliği fark etmemişti.

— Merhaba, Wendy! diye karşılık verdi.

Peter birden üçüncü karyolanın yerinde olmadığını görerek sordu.

— Wendy, küçük John nerede?

— O artık burada değil.

— Michael uyuyor mu?

— Evet, uyuyor. Ama orada yatan Michael değil.

Peter ilgiyle yatağa baktı.

— Bu yeni bir çocuk mu? Kız mı yoksa erkek mi?

— Kız... Bahar temizliği için beni almaya mı geldin?

— Elbette... Haydi, hazırlansana! Yoksa baharın geldiğini unuttun mu?

— Seninle gelmeyeceğim, çünkü ben uçmasını unuttum.

— Ben sana uçmasını öğretirim.

— Boşuna uğraşma, ben seninle gelmeyeceğim.

Peter korkuya kapılmıştı:

— Wendy, ne oldu sana? diye bağırdı.

Wendy:

— Işığı yakacağım, o zaman ne olduğunu kendi gözlerinle görürsün, dedi.

Wendy çocuğun saçlarını okşadı; gözleri dolmuştu. Kesin bir tavırla gidip ışığı yaktı. Peter ilk kez onu doğru dürüst görebilmişti. Çocuk acıyla bağırdı. Uzun boylu, genç güzel bir kadın onu kucağına almak için eğildiği zaman, Peter geriledi. Wendy, Peter'e gerçeği anlatması gerektiğini düşündü.

— Peter ben artık koskoca bir kadın oldum... Uzun

yıllar önce büyüdüm ben...

— Ama büyümeyeceğine söz vermiştin!

— Bu benim elimde değil ki Peter!... Artık evlendim ve şu yatakta yatan da benim kızım.

Peter hançerini kaldırarak, uyuyan kıza doğru gitti, ama onu bıçaklayamadı. Yere oturarak hıçkıra hıçkıra ağlamaya başladı. Wendy onu nasıl teselli edeceğini bilemedi. Eskiden bunu çabucak başarırdı ama şimdi olgun bir insan olmuştu. Doğru dürüst düşünebilmek için odadan çıktı.

Peter hâlâ ağlıyordu. Az sonra hıçkırık seslerine Jane uyandı. Kız, Wendy'nin eskiden yaptığı gibi doğrulup yatakta oturdu.

Merakla sordu:

— Niye ağlıyorsun küçük adam?...

— Merhaba, küçük kız? Benim adım Peter Pan... Annemi almaya geldim. Onu Olmayan Ülke'ye götüreceğim...

— Ben de ne zamandan beri seni bekliyordum.

Peter az sonra neşeyle gülüyordu. Jane ise beyaz geceliğiyle odada uçarak dolaşıyordu.

Peter, Wendy'yi göstererek:

— İşte, benim annem o! dedi.

Wendy üzgün üzgün:

— Evet, biliyorum, dedi. Bunu çok iyi anlıyorum.

Peter, az sonra yükselmeye başladı. Jane de onunla birlikte havalandı. Artık uçmak ona çok kolay geliyordu.

Wendy, kendi annesinin yaptığı gibi hemen pencereye koşup bağırdı:

— Olmaz! Jane, bana bunu yapamazsın! Geri dön yavrum!

Jane ise yukardan bağırıyordu:

— Ben bahar temizliği için gidiyorum, anneciğim... Peter'in evini temizleyeceğim. Uçmayı bilseydin sen de bizimle gelirdin anneciğim!...

Sonunda Wendy, Jane'i Peter'le göndermeye razı oldu. Onlar uçarak uzaklaşırken, Wendy de pencerenin önünde durup, onların arkasından uzun uzun baktı...

ŞİMDİ

Bugünlerde Wendy'nin saçları bembeyaz olmaya başladı. Vücudu da yavaş yavaş küçülmeye başlamıştı. Jane ise şimdi yetişkin ve evli bir insan. Onun da Margaret adında bir kızı var. Peter bahar temizliği için artık gelip Margaret'i alıyor. Onu Olmayan Ülke'ye götürüyor. Arada sırada bazı yılları atlıyor, tabii bu onun elinde değil. Çünkü unutkanlığı devam ediyor...

Margaret büyüdüğü zaman bir kızı olacak ve onun kızı da Peter'in bahar temizliğini, anneliğini yapacak...

Ve bu böylece, yıllar boyunca sürecek...